AF498518

JULIO R. VARGAS

LOS SECRETOS REVELADOS DE LA BÍBLIA

EDIQUID

Los secretos revelados de la Biblia
© Julio R. Vargas, 2021
Editado por: Corporación Ígneo S.A.C.
para su sello editorial Ediquid
Av. Arequipa 185 1380,
Urb. Santa Beatriz. Lima, Perú
Primera edición, abril 2021
ISBN: 978-612-48509-4-3
Impresión bajo demanda

Hecho el Depósito Legal en la Biblioteca Nacional del Perú N° 2021-02039
Se terminó de imprimir en abril del 2021 en:
ALEPH IMPRESIONES SRL
Jr. Risso Nro. 580
Lince, Lima

www.grupoigneo.com
Correo electrónico: contacto@grupoigneo.com
Facebook: Grupo Ígneo | Twitter: @editorialigneo | Instagram: @grupoigneo

Diseño de portada: Ímpetu Creativo
Diagramación: Gerardo Hernández B.
Corrección: Alejandra Araujo
Colección: Integrales

Dedicado a aquellas inocentes criaturas que, para que esta obra hoy sea una realidad, tuvieron que pagar un invaluable precio: perder a su Padre terrenal. Para mis siempre amadas, anheladas y recordadas hijas e hijo, que a tan temprana edad fueron cohibidos de crecer a mi lado. Carolina, Sandra, Diana y Daniel Vargas Díaz, para quienes no fue nada fácil.

De igual manera, dedico este libro a mi hijo Julio Cesar Vargas González, quien ha sido un poco más afortunado; también va para cada uno de los miembros de mi familia; a mi mascota, Lucas, mi perro fiel y a todos aquellos que, de una u otra forma, tienen que ver con el círculo que me rodea.

Contenido

Los secretos revelados de la Biblia

Volumen I

El doce de mayo del año 2020, después de cumplir dos meses en cuarentena o confinamiento obligatorio decretado por el gobierno colombiano debido a la pandemia que azotó al mundo con el coronavirus (COVID-19), y sabiendo que aún debía continuar aislado por mucho tiempo más, me propuse escribir este libro, con el único fin de dar un mejor entendimiento de todo lo que concierne a un tema tan importante como lo es tener verdadero conocimiento de quiénes somos, de dónde venimos, por qué somos y adónde vamos.

Es decir, para que por fin tengamos la certeza y comprensión de quién es Dios, dando a nuestra mente claridad de lo que es el verdadero propósito que tiene Dios para todos nosotros, los seres vivientes creados por él.

Es importante tener en cuenta que, en los relatos bíblicos que tenemos de la historia de la humanidad, son innumerables los errores ocasionados en la interpretación que siempre se ha dado a lo escrito, creando confusión y discordia entre los creyentes. Son errores con los que hemos tenido que vivir, errores referentes a la creación, errores de cómo, dónde, cuándo, por qué y para qué fuimos creados. Errores a los que ya nos hemos acostumbrado, los cuales muchos creen y ponen en práctica, por lo que, quienes así lo hacen, se ven gravemente perjudicados en diferentes ámbitos de la vida y, quienes no los creen, viven en ascuas con gran incertidumbre.

Durante todo el tiempo transcurrido desde que tengo uso de razón, cuando me enteré del gran conflicto que existe entre la ciencia y la religión, me interesé por investigar profundamente la raíz del meollo de la situación.

Nunca pude aceptar la distancia entre dos cosas que son fundamentales en la historia de la humanidad, pues en cada una de ellas se representa la capacidad mental, intelectual, académica, personal y amorosa de tantos seres humanos. Estos, a través del tiempo, han entregado toda su vida al estudio investigativo, buscando la mejor respuesta a la verdad de la creación del universo y el origen del hombre en este planeta. El resultado, simple y llanamente, terminará siendo un error en el que se encuentre alguna de las dos. En este caso, ambas están erradas en su creencia, concepto u opinión.

Por parte de la religión, he llegado a la conclusión de que, con los mitos, tabúes, leyendas y tradiciones de las diferentes culturas en el mundo, se han creado una serie de doctrinas dentro de la raza humana, que hoy tienen a la humanidad en un caos total, ya que, debido a la religiosidad con la que vive la gran mayoría de los creyentes, y por el gran error en que nos encontramos, sumado a la enorme ignorancia existente, religiosamente hablando, hasta ahora, no se tiene claridad en lo tratado.

Pienso que la principal razón de que no se hayan podido interpretar correctamente las sagradas escrituras es exactamente la forma en que ordenaron los versículos desde el principio.

Por ese motivo es que, dentro de las muchas actividades que se realizan en la vida de los seres humanos, yo decidí interesarme por la teología; escogiendo estudiar, analizar y corregir las enseñanzas de la religión católica y sus dogmas, al igual que la doctrina de la iglesia protestante, con todas sus ramificaciones o denominaciones.

Realicé un minucioso estudio, teniendo una vasta experiencia y habiendo escudriñado durante cuarenta años los relatos de las sagradas escrituras, que es en lo que nos enfrascaremos en este interesantísimo estudio, ya que son ellas mismas las que nos guiarán por el tema que vamos a tratar.

Considerando que cuento con el material necesario para dirigirme a ustedes confiadamente tengo la certeza de poder garantizar, asegurando a mis lectores sin temor a equivocarme, que poseo la autoridad para creer que de lo que a continuación hablaré es lo que, hasta este momento, más cerca está de la verdad de Dios.

Lo primero que me propuse fue estudiar la historia de la iglesia, conociendo la gran confusión existente con el sinnúmero de denominaciones que reclaman ser la primitiva y verdadera iglesia fundada por nuestro señor Jesucristo.

Recordando lo dicho por Jesús en una ocasión, refiriéndose a la cizaña y el trigo, soy de los que piensan que por naturaleza estos deben crecer juntos. Al final, a quien corresponda recoger el fruto, se encargará de separarlos.

Soy consciente de que existen personas inescrupulosas que aprovechan la ignorancia de muchos para lucrarse en nombre de la iglesia, pero también estoy seguro de la honestidad, interés, sacrificio y el inmenso amor con que profesa su fe la gran mayoría de las personas.

Con la certeza de no crear un conflicto de intereses, ya que soy imparcial al respecto, entiendo que la verdadera iglesia de Dios es la que fundó Jesucristo, la cual constituyó como el lugar donde se enseñaría a toda la raza humana en el mundo la verdad de Dios, por lo que se le dio el nombre de iglesia mundial o universal. De allí nació el nombre de «Iglesia Católica», pues «católico» es sinónimo de «mundo». Por lo tanto, la iglesia primitiva fue la Iglesia Católica y estaba formada por un solo miembro, su creador, Jesús.

La Biblia enseña que lo primero que Jesús hizo, una vez creada la iglesia, fue nombrar a los doce apóstoles, por lo que la Iglesia comenzó a llamarse «Iglesia Católica y Apostólica».

Luego vino la muerte y resurrección de Cristo y la persecución a los cristianos por parte de los romanos, quienes tenían el dominio de la tierra, y quienes, más por interés propio que por fe verdadera, entraron a ser parte de la iglesia (tema un poco extenso para detallarlo en este estudio, pero que recomiendo sea analizado en los libros de la historia de la Iglesia).

Luego de hacer un minucioso análisis cronológico en la Biblia, puedo ver que en la historia de la tierra, para los hijos de Dios, en cada período aproximado de dos mil años, hay un notorio cambio en la enseñanza espiritual en la mente de los creyentes.

Primero fue con Adán y Eva (Génesis 2: 15*): Tomó, pues, Jehová Dios al hombre y lo puso en el huerto de Edén*, año 4000 a. C.

Luego fue con Abraham (Génesis 17: 1-2): *Era Abraham de edad de noventa y nueve años; cuando se le apareció Jehová y le dijo: Yo soy el Dios todo poderoso; anda delante de mí y sé perfecto. Y pondré mi pacto entre mí y ti, y multiplicarte he mucho en gran manera*, año 2000 a. C.

El último fue con Jesús (Mateo 3: 17): *Y hubo una voz de los cielos, que decía: este es mi Hijo amado, en quien tengo complacencia*, año 26 d. C.

Hoy, con esto que estoy escribiendo, titulado *Los secretos revelados de la Biblia*, año 2020 d. C.

En lo personal desde hace veinte años ha habido un gran cambio en mi mente y lo estoy compartiendo en este tiempo, con el gran anhelo de que también en la mente de cada lector se produzca ese cambio, que otorgue el bienestar del cual yo hoy estoy disfrutando.

Es evidente la gran confusión que existe, por un lado, con la inculcación de dogmas de la religión católica, profesada por muchos de nuestros antepasados, quienes terminaron masacrando a quienes diferían con su forma de creer, lo que conocemos como «La inquisición».

Por otro lado, con quienes desde hace quinientos años nacieron de la Iglesia Católica, cuando Martin Lutero protestó, declarándose enemigo de la misma y fundando el protestantismo (la Iglesia Protestante Luterana), de donde se desprendió un sinnúmero de denominaciones, que hoy se encuentran en medio de una gran polémica que los tiene en una guerra verbal sin límites.

En la Biblia encontramos algunos versículos donde se mencionan las mentiras que no son de muerte, por lo que existe un dicho popular que habla de las mentiras piadosas. Por lo que puedo suponer que Dios se está refiriendo a este caso en particular, en vista de que este gran error en que siempre ha vivido el ser humano al malinterpretar la escritura bíblica se ha suscitado dentro del divino propósito de Dios, por haber ocultado durante mucho tiempo el verdadero significado de lo escrito por los profetas, en la narración y la interpretación que cada quien le da a lo escrito desde hace unos tres mil quinientos años. Esto fue traducido al español, en el siglo XV de nuestra era. Es lo mismo que hoy encontramos en la Biblia Reina Valera 1960 y en todos los escritos que narran la historia de la creación, basados en el libro del Génesis.

Este gravísimo error es algo que, considero, se comete sin mala intención. Por el contrario, creo que todos y cada uno de los lectores, quienes han formado las numerosas y diferentes religiones, incluyendo a los del Antiguo Testamento, todos tuvieron muy buenas y honestas pretensiones. Por lo que pienso que lo que se ha interpretado hasta hoy en su lectura es debido al más grande secreto guardado por nuestro Padre Celestial, Dios, lo cual ha dado como resultado una serie de mentiras creadas por quienes interpretan los escritos de diferentes maneras. Estas vienen a ser los pecados que no son de muerte de los que habló el apóstol Juan. 1 de Juan 5:16: *Si alguno viera su hermano cometer pecado, pedirá, y Dios le dará vida.*

Y es que, a lo largo y ancho de la Biblia, desde el Génesis hasta el Apocalipsis, encontramos infinidad de argumentos y evidencias que confirman que la Biblia, sin dejar de ser el libro más traducido a todos los idiomas del mundo, siendo el más vendido y más leído durante la historia de la humanidad, no es, en su totalidad, la palabra de Dios, como se le atribuye.

Son sus mismos escritos los que desembocan en la interpretación que desde hace mucho tiempo le han dado algunos creyentes, que se dedican a estudiarla, quienes forman grupos religiosos e inculcan diferentes y extrañas doctrinas, que considero son la causa de la enorme confusión en que vivimos los creyentes. La razón no es precisamente por lo escrito, más bien en cuanto a el relato de la creación, es por el orden que se le dio a los versículos desde un comienzo.

Por naturaleza, siendo el propósito de Dios, la Biblia es una mezcla de lo material y lo espiritual, al igual que todo lo creado por Dios, incluyendo al hombre.

En una ocasión, Jesús tuvo un diálogo con Natanael, uno de los doce discípulos. Natanael preguntó a Jesús: «Maestro, ¿podrás tú confiar en mí para que yo conozca la verdad sobre las escrituras? Observo que tú nos enseñas solo una parte de las escrituras sagradas —la mejor parte, en mi opinión—, y deduzco que rechazas las enseñanzas de los rabinos que indican que las palabras de la ley son las palabras mismas de Dios, y que estas palabras han estado con Dios en el cielo aun antes de los días de Abraham y Moisés. ¿Cuál es la verdad de las escrituras?». Cuando Jesús oyó la pregunta de su perplejo apóstol, respondió:

Natanael, tú has juzgado correctamente. yo no contemplo las escrituras como lo hacen los rabinos. Te hablaré sobre este asunto, a condición de que tú nada digas de estas cosas a tus hermanos, pues no todos ellos están preparados para recibir estas enseñanzas.

Las palabras de la ley de Moisés y las escrituras no existían antes de Abraham. Solo en tiempos recientes se han recopilado las escrituras en la forma como las conocemos.

Aunque contienen los mejores pensamientos y los anhelos más elevados del pueblo judío, también contienen mucho que está lejos de ser representativo del carácter y de las enseñanzas del Padre en el cielo, por lo tanto, yo debo elegir, entre las mejores enseñanzas, aquellas verdades que han de escogerse para el evangelio del reino.

Estos escritos son obra de los hombres, algunos santos, otros, no tan santos.

Las enseñanzas de estos libros representan el punto de vista y el nivel de esclarecimiento de los tiempos en los que se originaron. Como revelación de la verdad, los más recientes son más confiables que los más antiguos.

Las escrituras contienen errores y su origen es puramente humano, pero ten la seguridad de que constituyen la mejor recopilación de sabiduría religiosa y verdad espiritual que hay en el mundo entero en este momento.

Muchos de estos libros no fueron escritos por las personas cuyos nombres llevan, pero eso no disminuye de ninguna manera el valor de las verdades que contienen.

Aunque la historia de Jonás no fuese un hecho, aun si Jonás no hubiera existido, la profunda verdad de este relato, el amor de Dios por Nínive y los así llamados paganos, no sería menos preciosa a los ojos de todos aquellos que aman a sus semejantes.

Las escrituras son sagradas porque presentan los pensamientos y acciones de los hombres que buscaban a Dios, y que nos dejaron en estos escritos sus más elevados conceptos de rectitud, verdad y santidad.

Las escrituras contienen mucho que es verdad, mucho; pero tú ya sabes, a la luz de las enseñanzas que habéis recibido, que estos escritos contienen también mucho que tergiversa la imagen del Padre en el cielo, el Dios amante que yo he venido para revelar a todos.

Natanael, no te permitas ni por un instante creer en aquellos documentos de las escrituras que dicen que el Dios del amor ordenó a tus antepasados salir a batallar para destruir a todos sus enemigos; hombres, mujeres y niños.

Estos documentos son palabras de hombres, hombres no muy santos, no son la palabra de Dios.

Las escrituras siempre reflejaron y siempre reflejarán el estado intelectual, moral y espiritual de los que las crean.

¿Acaso no has notado que los conceptos de Yahvé crecen en belleza y gloria a través de los escritos de los profetas, desde Samuel hasta Isaías? Y recuerda, también, que el propósito de las escrituras es la instrucción religiosa y la guía espiritual, no son obra de historiadores ni filósofos.

Lo más deplorable no es solamente esta idea errónea de la perfección absoluta de las escrituras y de la inefabilidad de las enseñanzas, sino más bien la confusa y errónea interpretación de estos escritos sagrados por los escribas y fariseos de Jerusalén, esclavos de la tradición.

Ahora, pues, emplearán ellos tanto la doctrina de inspiración de las escrituras como sus propias tergiversaciones para resistirse decididamente a las enseñanzas más nuevas del evangelio del reino.

Natanael, no olvides jamás que el Padre no limita la revelación de la verdad a una sola generación ni a un solo pueblo.

Muchos buscadores sinceros de la verdad se han encontrado confundidos y desilusionados por esta doctrina de la perfección de las escrituras, y lo estarán también en el futuro.

La autoridad de verdad es el espíritu mismo que mora en sus manifestantes vivientes, no las palabras muertas de hombres menos iluminados y supuestamente inspirados de generaciones pasadas.

Aunque estos santos varones de antaño sí vivieron vidas inspiradas y llenas de espíritu, eso no significa que sus palabras fuesen similarmente inspiradas espiritualmente.

Hoy, después de mi partida, vosotros os separareis rápidamente en distintos grupos, cada uno convencido de poseer la verdad, como resultado de la diversidad de vuestras interpretaciones de mis enseñanzas.

Durante esta generación, es mejor que vivamos estas verdades evitando dejar documentos escritos.

Presta atención a mis palabras, Natanael; nada de lo que toque la naturaleza humana puede ser considerado infalible.

Indudablemente, la verdad divina podrá brillar a través de la mente humana, pero siempre con pureza relativa y divinidad parcial.

La inefabilidad puede ser anhelo de la criatura, pero solo los creadores la poseen.

Pero el error más grande de las enseñanzas que se refieren a las escrituras consiste en la doctrina de que estos son libros sellados de misterio y de sabiduría que tan solo se atreven a interpretar las mentes sabias de la nación.

Las revelaciones de la verdad divina no están selladas sino por la ignorancia humana, el fanatismo y la intolerancia de miras estrechas.

Solo el prejuicio y la superstición empañan la luz de las escrituras.

Un falso temor de lo sagrado ha impedido que la religión fuera salvaguardada por el sentido común.

El temor de la autoridad de los escritos sagrados del pasado impide eficazmente que las almas honestas de hoy acepten la nueva luz del evangelio.

Es la misma luz que aquellos hombres de otra generación conocedora de Dios tan intensamente anhelaba ver.

Pero lo más triste de todo esto es que algunos de los que enseñan la santidad de este tradicionalismo conocen esta misma verdad. Ellos comprenden más o menos plenamente estas limitaciones de las escrituras, pero sufren de cobardía moral y deshonestidad intelectual.

Conocen la verdad relativa a los sagrados escritos, pero prefieren ocultar del pueblo estos hechos perturbadores.

Así, pues, persisten y distorsionan las escrituras, tornándolas guías de detalles esclavizantes en la vida diaria y en autoridad en cosas no espirituales, en vez de apelar a las escrituras sagradas como minas de sabiduría moral, inspiración religiosa y enseñanzas espirituales de los hombres conocedores de Dios de otras generaciones (libro de Urantia, páginas 1767-1769, documento 159).

Haciendo un profundo análisis de lo dicho por Jesús en el anterior relato, nos adentraremos en un precioso y profundo estudio, que nos llevará a tener mejor comprensión de lo que es el verdadero propósito de Dios para nosotros, sus hijos, todos los seres humanos, a quienes hizo a su imagen y semejanza, con la intención de que llegáramos hasta la estatura del varón perfecto, el hombre perfecto, preparado para toda buena obra. 2 Timoteo 3: 16-17: «Toda la Escritura es inspirada por Dios, y útil para enseñar, para redargüir, para corregir, para instruir en justicia, a fin de que el hombre de Dios sea perfecto, enteramente preparado para toda buena obra».

Aunque la intención es procurar en lo máximo no entrar en detalles referentes al autor de este libro, sí es necesario aportar algunos datos que faciliten la comprensión al lector de lo que narra el mismo dentro del texto y contexto del libro.

Es su propio autor quien nos advierte que, para lograr obtener éxito en lo que vamos a emprender, es necesario comenzar teniendo voluntad, dominio propio, interés, dedicación, sacrificio, honestidad y, lo más importante, un 100 % de disciplina; además de mucho amor.

Del autor solo me limitaré a decir que nació en un humilde barrio del centro de la ciudad de Bogotá, Colombia, en Suramérica, en el año 1959, dentro de una numerosa familia (padre, madre y nueve hermanos: ocho varones y, la menor, una niña), y en medio de la más absoluta pobreza.

Cuando cumplió quince años, conoció y se interesó por la palabra de Dios; o, mejor dicho, por el evangelio de nuestro señor Jesucristo, y, durante los siguientes veinticinco años, devoró todo lo que humanamente llegaba a sus manos. Estudió la Biblia, se congregó en varias iglesias de diferente denominación, escuchó infinidad de mensajes y leyó una gran cantidad de libros. En fin, todo lo relacionado con la enseñanza cristiana evangélica, además de haber sido bautizado en tres diferentes doctrinas.

Todo lo mencionado anteriormente ocasionó que, al cumplir cuarenta años de vida, se encontrara en una enorme encrucijada, con gran incertidumbre, pues nunca pudo estar de acuerdo con ninguno de quienes lo instruyeron en las diferentes y conflictivas doctrinas, ni con lo argumentado en los innumerables programas de radio y televisión, o con los cientos de libros leídos que hablan del principio de la creación del mundo. Nada concordaba con su parecer, todo era contrario, o por lo menos diferente, a lo que personalmente entendía al leer e interpretar las escrituras.

Solo fue después del cuarto día de mayo de 1998, cuando, en una Corte Criminal del Condado de Queens, en la ciudad de Nueva york, con el veredicto de un juicio, un Jurado de Conciencia lo encontró culpable (más allá de una duda razonable), de un delito del cual no solo era inocente, sino que el mismo nunca había ocurrido, por lo que fue sentenciado a pasar varios años en prisión.

Por supuesto que la situación no fue algo fácil para él, y, como lo dije antes, no es el tema en este libro; sin embargo, lo traigo al caso, ya que fue allí, en la prisión, cuando hizo una cantidad de cosas que fueron una locura para el mundo, pero que para él y en Dios fueron la fuente que lo inspiró y el lugar que le sirvió para tener un encuentro a solas con Dios, lo que le facilitó comprender lo que nos estará compartiendo en este libro.

Luego de acordarlo con Dios, estando juntos en un mismo pensar y un mismo sentir, en armonía y con el amor que Dios nos da, en perfecto orden y con mucha sabiduría, propuso en todo su ser utilizar al máximo y en su totalidad el tiempo que tuviera que permanecer en prisión para investigar, a través del estudio profundo o escudriñamiento de las Sagradas Escrituras, todo lo que se relaciona con la teología; por lo que lo primero que hizo, ingresando a ese lugar, fue desobedecer una orden directa por parte de la autoridad del penal, acto que le ocasionó ir a un juicio interno, en el que fue condenado a pasar mucho

tiempo en la caja o calabozo. Realizó esta acción premeditada-
mente, teniendo el conocimiento de la consecuencia que esto
ocasionaría; con el deseo de que lo castigaran de esa manera,
pues entendía que en el lugar en que se encontraba, en medio de
noventa presos conviviendo todos juntos, no sería posible con-
centrarse en el estudio que se había propuesto realizar, y sabiendo que el castigo consistía en estar encerrado el tiempo al que
fuera sentenciado, totalmente solo en un pequeño cuarto, sin ver
ni escuchar a alguien, lugar donde estaría incomunicado las
veinticuatro horas del día.

Comprendiendo que ese era el lugar adecuado para ejecutar
su plan de estudio, negó todos los programas que ofrecía la prisión, con los que un reo, al realizarlos, obtenía la libertad al
cumplir el 50 % de la sentencia, mientras que quien se negara a
hacer los programas, automáticamente debería purgar la condena en su totalidad, es decir, el doble de años en prisión y en la
caja o calabozo, como se le conoce popularmente a esos peque-
ños cuartos de castigo.

Llegó al calabozo donde finalmente lo pusieron, lugar que
para los presos era algo espantoso, pero que para *ellos* fue un
lindo y santo tabernáculo, nombre con que lo bautizaron y lugar
donde se instalaron.

Luego, con el tiempo se enteró de que la palabra *tabernáculo* significaba «lugar de encuentro con Dios».

Notarán que dije *ellos* se instalaron. La razón es porque,
aunque el lugar estaba destinado para un reo, allí, en todo momento, estuvieron dos seres: un interno, que es quien escribe, y
un invitado, que es Dios.

Como es de suponerse, el más eficiente método para realizar
un estudio con el propósito de encontrar la verdad de Dios, en
nuestro caso, como cristianos, es a través de las Sagradas Escrituras (la Biblia), y aprovechando que en aquel lugar, por ley, el
interno tenía derecho a manejar en su poder cinco libros y cinco
fotografías de la familia, yo, dentro mis cinco libros, incluí la

Biblia Reina Valera 1960, que es la que usaré para las citas bíblicas en este estudio.

Ahora es mi deseo rogar humildemente a mis lectores que, a partir de este momento, me imiten e inviten a Dios para que se siente junto a ustedes, y pidan que les abra el entendimiento, con lo que se facilitará obtener el verdadero conocimiento de la verdad de Dios encontrada en el siguiente estudio.

No debo iniciar sin antes hacer una pequeña pero importante recomendación, ya que, si bien es cierto que el contenido de este libro está abierto para todo público, mi principal interés se enfoca en todo aquel que tenga conocimiento bíblico, teniendo en cuenta que el mismo será utilizado para corregir dicho conocimiento, el cual, con el correspondiente respeto que mis lectores merecen, considero que ha sido erróneo.

Sin embargo, no sobra que quienes no profesen la fe en las escrituras o no tengan el conocimiento sigan mi consejo, el cual es bueno poner en práctica antes de comenzar con la lectura de este estudio . Yo lo hice y funcionó, es efectivo.

Como preámbulo de la lectura de este estudio, recomiendo en lo posible buscar el lugar más adecuado, un sitio totalmente aislado del medio ambiente que nos rodea. Si se puede hacer dentro de la naturaleza, sería ideal, preferiblemente en una montaña. Lo importante es que sea en un lugar solitario, en silencio, donde puedas poner tu mente en blanco, entrando en ti mismo. Y allí, en lo secreto, llegarás a encontrarte con Dios, quien siempre ha estado dentro de ti, esperando pacientemente que tú te dirijas a él, permitiendo enseñarte la verdad de lo que tú, como hijo de Dios que eres, tienes derecho a conocer. Te lo digo con honestidad, de nada te servirá entrar en este estudio o leer este libro por leer comúnmente, como lo haría alguien por naturaleza. Además, te recomiendo leerlo acompañado de una Biblia Reina Valera 1960, para que compares cada escrito de este con el versículo citado.

No es mi intención como escritor del mismo hacer que pierdas el interés por seguir leyendo, pero es mi responsabilidad, si en verdad deseo que te sea útil, decirte la realidad de lo que aquí estamos tratando, lo cual es meramente espiritual. Y, para poder discernirlo, es necesario estar en una condición meramente espiritual, lo que no es difícil, solo debes, mentalmente pero con toda honestidad, desear hacer la voluntad de Dios.

Por lógica estoy seguro de que el contenido de este libro será de mucha polémica y ocasionará gran controversia; incluso para algunos será censurable, lo cual es normal que ocurra. Esto es por causa de la naturaleza de la mente de quienes así lo perciban. Recordemos que a Jesús lo mataron sus hermanos, los únicos que en ese tiempo creían en Jehová, el único y verdadero Dios. Ellos fueron los judíos, los sacerdotes, los escribas y los fariseos, todos ellos eran creyentes en Dios, ellos eran el pueblo de Dios. Sin embargo, fue Caifás quien lo hizo, el Sumo Sacerdote, la máxima autoridad dentro del pueblo de Dios, lo que hoy equivale al Santo Papa del Vaticano, o a uno de los muchos evangelistas internacionales reconocidos por sus doctorados, egresados de las famosas universidades teológicas del mundo.

Fue Caifás, este hombre tan intelectual y tan lleno de Dios, quien dio la orden de matar a Jesús, el hijo de Dios, y lo hizo por la única razón de que ni él ni ninguno de los sabios y entendidos de ese tiempo podían entender ni aceptar el interesante y necesario mensaje que Jesús trajo para beneficio de la humanidad de este mundo.

Ahora imagine, mi amado lector, qué puedo esperar con el mensaje que hoy, a través de este libro, entregaré al mundo.

Pensando en lo anterior mientras escribía, varias veces sentí el deseo de renunciar. Sin embargo, en un momento, estando decidido a hacerlo, Dios puso nuevamente unos versículos bíblicos a mi alcance. Fueron las palabras de un hombre que era grande entre los suyos, verdugo de los cristianos, que se convirtió en creyente y difusor de lo que él creía era la verdad de Dios, por lo que se hizo humilde entre todos. En ese tiempo fue duramente criticado por enseñar lo que él consideraba que era la verdad de Dios.

Este hombre, que para el pueblo de Dios en un tiempo era necio, vil y menospreciado, fue un hombre al que Dios escogió para enseñar el evangelio avergonzando a los sabios, quien, por hablar de la verdad de Dios a quienes creían estar en lo correcto en cuanto a la ley dada por Moisés, finalmente fue decapitado. Fueron las palabras de este hombre las que me persuadieron, con lo que dijo en estos versículos (1 Corintios 1: 27-28): *sino que lo necio del mundo escogió Dios, para avergonzar a los sabios; y lo débil del mundo escogió Dios, para avergonzar a lo fuerte; y lo vil del mundo y lo menospreciado escogió Dios, y lo que no es, para deshacer lo que es.*

Analizando estos versículos y la forma y el momento en que me llegaron, tuve que desistir de renunciar, y con más fuerza y mayor deseo continué, y aquí seguimos.

Ahora, si después de lo dicho eres uno de los que piensa que este tema no es para ti, no te preocupes, puedes dejarlo pasar en otra ocasión, y por otro medio conocerás lo que aquí y ahora vamos a aprender.

Conocer ahora la verdad de Dios, en lo único que nos beneficia aquí en la tierra es en que todo aquel que lea y crea que lo que aquí se está exponiendo es la verdad, en lo único que cambiará entonses es en que se liberará de la esclavitud de la religiosidad. Quien no crea, o ni siquiera lea este libro, no será condenado, solo será un ser más en el mundo sin el verdadero conocimiento al respecto de lo que aquí estamos tratando, pero continuará siendo el mismo, seguirá siendo hijo de Dios, siempre y cuando crea que Dios es su padre y el creador de todo lo que es y existe, y que al mismo tiempo desee, con todo su ser, hacer la voluntad de Dios, pues, aunque no crea en lo aquí escrito, un día lo creerá por otro medio y en otro lugar. Entonces heredará el reino de Dios, tal como el que lee y cree lo que vamos a aprender en este estudio.

Es mi principal deseo que con lo dicho te haya persuadido de seguir leyendo. Y si es así, te invito para que nos acompañes al pasado, y nos ubiquemos en el año mil novecientos noventa y ocho, para que no seamos dos, sino tres, los que estemos en este precioso tabernáculo, o lo que es igual, en el tétrico calabozo que sirve para castigar y corregir a quien comete un error mundanamente hablando, pero que, como ya lo dije, también sirve para quienes estemos interesados en conocer la verdad de Dios, enmendando el gran error en que involuntariamente estamos. Esto se nos facilitará y será muy placentero estando unidos a Dios en este precioso, simbólico y espiritual tabernáculo, donde estaremos ubicados, el cual ha sido transformado en un lindo y fructífero lugarcito, ya que Dios convierte nuestro llanto en gozo. Es, donde estaremos a solas con Dios, mientras continuemos con la lectura de este libro estudio.

La invitación es para ti que estás leyendo, entendiendo que si aún lo estás haciendo es porque estás interesado en corregir algo que hasta ahora tú debes estar sintiendo que es posible que esté mal, o, por lo menos, en error. También espero que tú seas uno de los tres que estemos en nuestro tabernáculo, lugarcito que nos servirá para corregir el grave error en que, sin saber, estamos viviendo.

Aquí debo hacer hincapié en algo que es de suma importancia: debe quedar bien claro que una cosa es estar errado y algo muy diferente es estar mal.

Errado está quien hace algo creyendo que es correcto y no lo es. Mal está quien hace algo sabiendo que no es correcto y continúa haciéndolo. En el caso de la religión, siempre he tenido el concepto de que todo aquel que profese una creencia en el verdadero Dios está bien, aunque esté errado en la forma en que lo crea y lo practique.

Por eso la importancia de conocer la verdad de Dios, para no solo creer que se está bien, sino para no estar errado.

Ahora, lo que vamos a aprender con el estudio que realizaremos no necesariamente es la verdad en su totalidad, considero que es parte de la misma, ya que soy de los que cree que la verdad de Dios es supremamente inmensa. Claro está que sí tengo la certeza de que lo que vamos a aprender hoy es verdadero.

Lo que a continuación veremos es la forma correcta de lo que es, y cómo es, la relación de Dios con nosotros, sus hijos, conocimiento que obtendremos con lo que hasta hoy entiendo que Dios ha proporcionado para que conozcamos su verdadero propósito y sus designios para nosotros, los humanos de este mundo, sus hijos amados.

Yo, sabiendo que la Sagrada Escritura, la Biblia, es el principal medio utilizado para este propósito, y con la certeza de que sus escritos han sido manipulados sin intención y su contenido tergiversado y malinterpretado, voy a usarla para compartir y corregir, guiando a la verdad de Dios a quienes acepten la invitación que cordialmente hicimos papito Dios y este servidor.

A esta altura, supongo que te estarás preguntando qué garantía hay de que lo que voy a ofrecer es la verdad de Dios.

Pues bien, lo único que puedo decir es que, estando a solas con Dios en este hermoso tabernáculo del que ya hemos hablado, como es debido, comencé el acordado estudio en la forma indicada; es decir, en orden, por lo que inicié leyendo el libro del Génesis, el mismo que en varias ocasiones había leído y estudiado. El que, estoy seguro, muchísimos estudiosos de la Biblia han utilizado para obtener conocimiento.

Según el polígrafo bíblico, yo estaba aprobado para recibir *revelación* a través del Espíritu Santo, y solo fue necesario leer los primeros dos capítulos del Génesis para ver que algo no estaba bien, o con quienes son los responsables de instruir al pueblo, es decir, los ministros, quienes no pudieron ver lo que yo en ese instante estaba viendo; o conmigo, que creía estar viendo algo que antes jamás ninguno había podido ver. Una de dos.

Por supuesto, entenderán mi confusión y estado en la condición en que me encontraba. Por una parte, el psicólogo de la prisión estaba llamando a mi familia e informando que yo estaba loco, pues me había hecho meter al calabozo al no aceptar los programas que ofrecía la prisión, con los que un reo evitaba cumplir una sentencia completa, es decir, que podría recuperar su libertad, cumpliendo el 50 % de la condena. Y, al hacer lo que yo estaba haciendo, debería estar el doble de años en la prisión, o sea, el 100 % de la sentencia.

Por otro lado, pensando que terminé encerrado en un calabozo, leyendo la Biblia, creyendo ver cosas que nunca vieron los entendidos, los sabios ni los grandes estudiosos de las Sagradas Escrituras.

En esa condición estuve por algunas horas y, después de leer varias veces aquellos capítulos, cada vez veía con más claridad lo que ninguno hasta ese momento había podido ver. Entonces, con un poco de ira, confronté a mi maestro, quien en ese momento era Dios; le propuse leer por última vez aquellos versículos y le pedí, casi exigiendo, que fuera específico y de una vez por todas me confirmara si lo que yo estaba viendo o entendiendo al leer era cierto, si en verdad era una *revelación* de su parte, o si, por el contrario, era el diablo (en ese momento yo aún creía que el diablo lo usaba a uno para esas cosas). Pensé que me estaba usando para confundirme, haciéndome ver cosas erróneas, pero, al mismo tiempo, razonaba pensando que, por la condición en que yo me encontraba, la verdad para mí no tenía sentido. Razonaba que cuando una persona se dispone, como lo estaba haciendo yo, para conocer la verdad de Dios, terminase recibiendo como fruto lo contrario a lo que se estaba esperando.

Tremenda sorpresa me llevé, y esta fue la garantía que Dios me dio de que lo que estaba recibiendo en ese momento era una revelación de su parte, por medio del Espíritu Santo. Recordaba que fue Jesús quien nos prometió, diciendo que era necesario que él se fuera, pues, de lo contrario, no podría enviarnos al espíritu de verdad, al consolador, el Espíritu Santo, afirmando que cuando este viniera se encargaría de enseñarnos todas las cosas. Juan 16: 7-8: *Pero yo os digo la verdad: Os conviene que yo me vaya; porque si no me fuera, el Consolador no vendría a vosotros; mas si me fuere, os lo enviaré.*

8 Y cuando él venga, convencerá al mundo de pecado, de justicia y de juicio.

También Jesús prometió que cuando viniera el espíritu de verdad, él nos enseñaría toda la verdad. Juan 16: 13: *Pero cuando venga el Espíritu de verdad, él os guiará a toda la verdad; porque no hablará por su propia cuenta, sino que hablará todo lo que oyere, y os hará saber las cosas que habrán de venir.*

Y por supuesto que lo ocurrido en ese momento, lo que compartiré a continuación con ustedes, es mi garantía, la que me dio Dios, la misma que me animó a continuar haciendo lo que estoy haciendo. Es, por lo tanto, la garantía que puedo ofrecer a mis lectores, quienes aceptaron nuestra invitación a leer, escudriñar y, si así lo disponen, a creer y aprobar practicando lo entendido.

Recordarán que les dije que estaba leyendo los primeros capítulos del Génesis. Pues, como supondrán, en la tremenda confusión en que me encontraba con lo que estaba ocurriendo, tiré la Biblia a un lado, deseando no seguir leyendo, pero confiado y con la esperanza puesta en que Dios me confirmaría. La retomé queriendo comenzar de nuevo y, en lugar de abrirla en el libro del Génesis, sin intención, la abrí en Mateo 11: 25 y 26: *En aquel tiempo, respondiendo Jesús, dijo: Te alabo, Padre, Señor del cielo y de la tierra, porque escondiste estas cosas de los sabios y de los entendidos, y las revelaste a los niños. Sí, Padre, porque así te agradó.*

Si alguien necesita más evidencia para creer que esto está aprobado por nuestro padre celestial, Dios, lo más aconsejable es que deje de leer este libro.

Capítulo I

Amadísimo Padre celestial, a partir de este momento te pido que, al igual que aquel día en nuestro tabernáculo, cuando me mostraste todas las cosas, hoy que hemos retrocedido el tiempo y en el espíritu estamos con nuestro invitado, quien está leyendo y ha aceptado estar con nosotros en este tabernáculo que un día acondicioné como lugar de encuentro con Dios, donde efectivamente me encontré a solas contigo, lector que está deseoso de conocer la verdad, Padre, te pido que, al igual que lo hiciste conmigo, lo hagas con él, y a través del Espíritu Santo le reveles y permitas que pueda ver aquellas cosas que a ti te plació esconder de los sabios y los entendidos, para revelarlas a los niños. Gracias, padre, porque sé que a ti te place hacer estas cosas. Amén y amén.

Empezaremos conociendo qué es la Biblia y por qué quienes la leen no pueden discernir el verdadero significado de lo que allí está escrito.

En el Antiguo Testamento se nos enseña que, anteriormente, Dios hablaba al profeta y este le llevaba el mensaje al pueblo: *Profeta les levantaré de en medio de sus hermanos, como tú; y pondré mis palabras en su boca, y él les hablará todo lo que yo le mandare* (Deuteronomio 18: 18).

Todos sabemos que la profecía es algo que se dice que ocurrirá en el futuro. En Isaías 28: 1-13 hay una profecía que no han podido entender, o, mejor dicho, una de las cosas que a Dios le plació guardar de los sabios y entendidos de la actualidad.

Cuando el pueblo de Israel vivía bajo la ley, Dios hablaba al profeta y este entregaba el mensaje al pueblo.

Pero los sacerdotes de la tribu de Efraín se estaban embriagando con vino y sidra, por lo que Dios los amonestó por medio del profeta Isaías:

Isaías 28: 1: *¡Ay de la corona de soberbia de los ebrios de Efraín, y de la flor caduca de la hermosura de su gloria, que está sobre la cabeza del valle fértil de los aturdidos del vino!*

Isaías: 28: 8-13:

8 Porque toda mesa está llena de vómito y suciedad, hasta no haber lugar limpio. 9 ¿A quién se enseñará ciencia, o a quién se hará entender doctrina? ¿A los destetados? ¿a los arrancados de los pechos? 10 Porque mandamiento tras mandamiento, mandato sobre mandato, renglón tras renglón, línea sobre línea, un poquito allí, otro poquito allá; 11 porque en lengua de tartamudos, y en extraña lengua hablará a este pueblo, 12 a los cuales él dijo: Este es el reposo; dad reposo al cansado; y este es el refrigerio; mas no quisieron oir. 13 La palabra, pues, de Jehová les será mandamiento tras mandamiento, mandato sobre mandato, renglón tras renglón, línea sobre línea, un poquito allí, otro poquito allá; hasta que vayan y caigan de espaldas, y sean quebrantados, enlazados y presos.

Aunque esta fue una profecía que se dio hace unos dos mil ochocientos años, cuando el pueblo de Dios vivía bajo la ley, la misma corresponde al período de la iglesia, pues con Jesús se terminó el tiempo de los profetas, dando comienzo a la iglesia, que es donde usamos la palabra de Dios, la Biblia.

Quienes creemos en el evangelio de Jesús sabemos que con la venida o el ministerio de Jesús en la tierra, terminó el período del Pueblo de Israel, el Pueblo de Dios, dando inicio al período de la Iglesia.

Dios puso su palabra en su hijo y nos la envió a través de él, y Jesús nos la dejó escrita en lo que hoy conocemos como la santa Biblia, la palabra de Dios.

Lo que muchos no saben es que la profecía está escrita exactamente como dijo el profeta que la recibiríamos, y hoy se está cumpliendo aquí, con nosotros, en la iglesia.

El profeta dijo: La palabra, pues, de Jehová (Biblia) les será mandamiento tras mandamiento (es en la Biblia que encontramos los mandamientos, Deuteronomio 5: 1-21), mandato sobre mandato (en los libros de la ley, Antiguo Testamento, vemos que están llenos de mandatos; Números 9: 16), renglón tras renglón (¿quién no sabe que la Biblia está escrita por reglones?), línea sobre línea (los renglones son líneas que se escriben una sobre otra), un poquito allí, otro poquito allá (todos quienes estudian la Biblia saben que para tener claridad de la misma es necesario sacar un poco de cada libro para poder ordenar un mensaje); porque en lengua de tartamudos (en lengua enredada), en extraña lengua (otro idioma), hablará (Dios) a este pueblo (nosotros), hasta que vayan y caigan de espaldas (el bautismo cristiano protestante se simboliza sumergiendo al creyente de espaldas dentro del agua), y sean quebrantados, enlazados y presos (el creyente genuino, al ser tocado por el Espíritu Santo, cae de espaldas y entra en un éxtasis del cual no desea salir nunca).

Ahora, con este conocimiento, considero que la razón por la que quienes estudian las escrituras no han podido discernir correctamente no es por falta de inteligencia, ni por deshonestidad. Lo que ha hecho falta es estar en una condición adecuada, en la posición espiritual requerida, además de que, por lo que hemos visto, no podían entender porque no lo podían ver, puesto que Dios lo tenía oculto.

Por otro lado, es importante dejar bien claro que no pretendo aparecer como un ser escogido por Dios para recibir algún tipo de mensaje con el fin de difundir a la humanidad para que obtenga algún beneficio, como, por ejemplo, una salvación o el derecho a una vida eterna. Como lo dije al principio, solo soy un hombre común y corriente que un día se interesó en conocer la verdad de Dios, que considero que se puede obtener a través del

713 estudio profundo y honesto de la Biblia, y, por supuesto, después

714 de caer de espaldas, ser quebrantado y preso.

715 Todo lo que en este libro vamos a tratar solo es el fruto del

716 interés dedicado, con sacrificio, disciplina y mucho amor, duran-

717 te mucho tiempo en busca de la verdad. Un grandioso filósofo

718 dijo un día: «cuando el alumno esté listo, aparecerá el maestro».

719 Aunque el contenido del libro sea meramente espiritual; es decir,

720 religioso, por tratar todo lo relacionado con Dios, el mismo

721 nada tiene que ver con alguna denominación religiosa, por lo

722 menos en la actualidad, pues no descarto la posibilidad de que

723 en el futuro se forme un grupo de creyentes en lo que aquí vamos

724 a aprender. Y, si llega a ser así, estoy seguro de que será algo muy

725 diferente a lo que hoy tenemos como religiosidad.

Capítulo II

Como es de suponerse, las cosas de Dios se deben hacer en su debido orden; por lo tanto, comenzaremos con el libro del Génesis, donde nos encontraremos con el primer y más grande error que se presenta en el único relato que tenemos los cristianos con la interpretación de cómo fue la creación del mundo.

En primer lugar, es necesario saber qué es y cómo nos llegó este hermoso e interesante libro que relata lo que ocurrió en el principio de la creación.

Se desconoce quién sea su autor, la tradición apunta a que fue Moisés quien lo escribió; sin embargo, la educación académica, a través de una serie de estudios cronológicos que han hecho, deduce que el libro tiene varias fuentes, redactadas por diferentes religiosos. Por ejemplo, se cree que fue escrito en la Época del Cautiverio de Babilonia, y que tiene muchos posibles autores. Se dice que la fecha en que se escribió es aproximadamente el año 2000 a. C.

Este libro forma parte de la Tora o el Tajan, escrito en arameo y hebreo, y es el primer libro de la Biblia Cristiana.

Teniendo en cuenta que la Biblia, que es la que vamos a estudiar, está dividida en dos partes, Antiguo y Nuevo Testamento, y sabiendo que el libro del Génesis es el primer libro de los treinta y nueve de la Biblia de los protestantes, cuarenta y seis libros de la católica, y cincuenta y un libros de la Iglesia Ortodoxa, y que fue escrito entre tres mil quinientos y cuatro mil años atrás en el idioma hebreo y arameo, y posteriormente traducido al español hace unos quinientos años, debemos entender que, en lo escrito, encontramos la narración de acontecimientos ocurridos en tiempo remoto indefinido.

Es de conocimiento general que el idioma moderno varía en gran manera del idioma antiguo, y cualquier cambio en una palabra o letra al traducir variará el significado en algunos casos o en la totalidad del texto, como, por ejemplo, en lo que vamos a estudiar del principio en el libro del Génesis. Todo aquel que haya estudiado debe haber leído los primeros capítulos del Génesis como mínimo cinco veces, y debe de estar de acuerdo en que allí encontramos dos relatos de la creación, los cuales pareciera que difieren entre sí.

Biblia Reina Valera 1960, libro del Génesis 1: 1-2: 6:

1 En el principio creó Dios los cielos y la tierra. 2 Y la tierra estaba desordenada y vacía, y las tinieblas estaban sobre la faz del abismo, y el Espíritu de Dios se movía sobre la faz de las aguas. 3 Y dijo Dios: Sea la luz; y fue la luz. 4 Y vio Dios que la luz era buena; y separó Dios la luz de las tinieblas. 5 Y llamó Dios a la luz Día, y a las tinieblas llamó Noche. Y fue la tarde y la mañana un día. 6 Luego dijo Dios: Haya expansión en medio de las aguas, y separe las aguas de las aguas. 7 E hizo Dios la expansión, y separó las aguas que estaban debajo de la expansión, de las aguas que estaban sobre la expansión. Y fue así. 8 Y llamó Dios a la expansión Cielos. Y fue la tarde y la mañana el día segundo. 9 Dijo también Dios: Júntense las aguas que están debajo de los cielos en un lugar, y descúbrase lo seco. Y fue así. 10 llamó Dios a lo seco Tierra, y a la reunión de las aguas llamó Mares. Y vio Dios que era bueno. 11 Después dijo Dios: Produzca la tierra hierba verde, hierba que dé semilla; árbol de fruto que dé fruto según su género, que su semilla esté en él, sobre la tierra. Y fue así. 12 Produjo, pues, la tierra hierba verde, hierba que da semilla según su naturaleza, y árbol que da fruto, cuya semilla está en él, según su género. Y vio Dios que era bueno. 13 Y fue la tarde y la mañana el día tercero. 14 Dijo luego

784 *Dios: Haya lumbreras en la expansión de los cielos para separar el día*
785 *de la noche; y sirvan de señales para las estaciones, para días y años,*
786 *15 y sean por lumbreras en la expansión de los cielos para alumbrar*
787 *sobre la tierra. Y fue así. 16 E hizo Dios las dos grandes lumbreras; la*
788 *lumbrera mayor para que señorease en el día, y la lumbrera menor*
789 *para que señorease en la noche; hizo también las estrellas. 17 Y las*
790 *puso Dios en la expansión de los cielos para alumbrar sobre la tierra,*
791 *18 y para señorear en el día y en la noche, y para separar la luz de las*
792 *tinieblas. Y vio Dios que era bueno. 19 Y fue la tarde y la mañana el*
793 *día cuarto. 20 Dijo Dios: Produzcan las aguas seres vivientes, y aves*
794 *que vuelen sobre la tierra, en la abierta expansión de los cielos. 21 Y*
795 *creó Dios los grandes monstruos marinos, y todo ser viviente que se*
796 *mueve, que las aguas produjeron según su género, y toda ave alada*
797 *según su especie. Y vio Dios que era bueno. 22 Y Dios los bendijo, di-*
798 *ciendo: Fructificad y multiplicaos, y llenad las aguas en los mares, y*
799 *multiplíquense las aves en la tierra. 23 Y fue la tarde y la mañana el*
800 *día quinto. 24 Luego dijo Dios: Produzca la tierra seres vivientes*
801 *según su género, bestias y serpientes y animales de la tierra según su*
802 *especie. Y fue así. 25 E hizo Dios animales de la tierra según su géne-*
803 *ro, y ganado según su género, y todo animal que se arrastra sobre la*
804 *tierra según su especie. Y vio Dios que era bueno. 26 Entonces dijo Dios:*
805 *Hagamos al hombre a nuestra imagen, conforme a nuestra semejanza;*
806 *y señoree en los peces del mar, en las aves de los cielos, en las bestias, en*
807 *toda la tierra, y en todo animal que se arrastra sobre la tierra. 27 Y*
808 *creó Dios al hombre a su imagen, a imagen de Dios lo creó; varón y*
809 *hembra los creó. 28 Y los bendijo Dios, y les dijo: Fructificad y multi-*
810 *plicaos; llenad la tierra, y sojuzgadla, y señoread en los peces del mar,*
811 *en las aves de los cielos, y en todas las bestias que se mueven sobre la*
812 *tierra. 29 Y dijo Dios: He aquí que os he dado toda planta que da se-*
813 *milla, que está sobre toda la tierra, y todo árbol en que hay fruto y que*
814 *da semilla; os serán para comer. 30 Y a toda bestia de la tierra, y a*
815 *todas las aves de los cielos, y a todo lo que se arrastra sobre la tierra, en*
816 *que hay vida, toda planta verde les será para comer. Y fue así. 31 Y vio*
817 *Dios todo lo que había hecho, y he aquí que era bueno en gran manera.*

818 *Y fue la tarde y la mañana el día sexto. 2: 1 Fueron, pues, acabados los*
819 *cielos y la tierra, y todo el ejército de ellos. 2: 2 Y acabó Dios en el día*
820 *séptimo la obra que hizo; y reposó el día séptimo de toda la obra que*
821 *hizo. 2: 3 Y bendijo Dios al día séptimo, y lo santificó, porque en él*
822 *reposó de toda la obra que había hecho en la creación.*

823 Ahora, según la revelación, los versículos 4, 5 y 6 del capí-
824 tulo 2, deben ser reubicados y, en su orden, quedarán después del
825 versículo 1 del capítulo 1, remplazando a los versículos 2, 3 y 4
826 y los remplazados pasan en lugar de 5, 6 y 7.
827 Haciendo una revisión de la Biblia, estos deben ir al comien-
828 zo del capítulo uno, como lo veremos más adelante en la expli-
829 cación que daré de cómo debe estar ordenada la Biblia.
830 Desde el versículo siete del capítulo dos en adelante corres-
831 ponde a otra historia. El relato tiene que ver con lo ocurrido en
832 la creación del Edén y todo lo relacionado con los sucesos desa-
833 rrollados allí, incluyendo la formación de Adán y Eva, el árbol
834 de la vida y el árbol del conocimiento del bien y el mal, que
835 viene a ser la serpiente.

836 **El hombre en el Edén**

837 Génesis 2: 7-3: 27

838 *7 Entonces Jehová Dios formó al hombre del polvo de la tierra, y sopló*
839 *en su nariz aliento de vida, y fue el hombre un ser viviente. 8 Y Jeho-*
840 *vá Dios plantó un huerto en Edén, al oriente; y puso allí al hombre*
841 *que había formado. 9 Y Jehová Dios hizo nacer de la tierra todo árbol*
842 *delicioso a la vista, y bueno para comer; también el árbol de vida en*
843 *medio del huerto, y el árbol de la ciencia del bien y del mal. 10 Y salía*
844 *de Edén un río para regar el huerto, y de allí se repartía en cuatro*
845 *brazos. 11 El nombre del uno era Pisón; éste es el que rodea toda la*
846 *tierra de Havila, donde hay oro; 12 y el oro de aquella tierra es bueno;*

847 *hay allí también bedelio y ónice. 13 El nombre del segundo río es Gihón;*
848 *éste es el que rodea toda la tierra de Cus. 14 Y el nombre del tercer río*
849 *es Hidekel; éste es el que va al oriente de Asiria. Y el cuarto río es el*
850 *Éufrates. 15 Tomó, pues, Jehová Dios al hombre, y lo puso en el huer-*
851 *to de Edén, para que lo labrara y lo guardase. 16 Y mandó Jehová Dios*
852 *al hombre, diciendo: De todo árbol del huerto podrás comer; 17 mas del*
853 *árbol de la ciencia del bien y del mal no comerás; porque el día que de*
854 *él comieres, ciertamente morirás. 18 Y dijo Jehová Dios: No es bueno*
855 *que el hombre esté solo; le haré ayuda idónea para él. 19 Jehová Dios*
856 *formó, pues, de la tierra toda bestia del campo, y toda ave de los cielos,*
857 *y las trajo a Adán para que viese cómo las había de llamar; y todo lo*
858 *que Adán llamó a los animales vivientes, ese es su nombre. 20 Y puso*
859 *Adán nombre a toda bestia y ave de los cielos y a todo ganado del cam-*
860 *po; mas para Adán no se halló ayuda idónea para él. 21 Entonces Je-*
861 *hová Dios hizo caer sueño profundo sobre Adán, y mientras éste dormía,*
862 *tomó una de sus costillas, y cerró la carne en su lugar. 22 Y de la costi-*
863 *lla que Jehová Dios tomó del hombre, hizo una mujer, y la trajo al*
864 *hombre. 23 Dijo entonces Adán: Esto es ahora hueso de mis huesos y*
865 *carne de mi carne; ésta será llamada Varona, porque del varón fue*
866 *tomada. 24 Por tanto, dejará el hombre a su padre y a su madre, y se*
867 *unirá a su mujer, y serán una sola carne. 24 Y estaban ambos desnudos,*
868 *Adán y su mujer, y no se avergonzaban.*
869 *3.1 Pero la serpiente era astuta, más que todos los animales del*
870 *campo que Jehová Dios había hecho; la cual dijo a la mujer: ¿Conque*
871 *Dios os ha dicho: No comáis de todo árbol del huerto? 2 Y la mujer*
872 *respondió a la serpiente: Del fruto de los árboles del huerto podemos*
873 *comer; 3 pero del fruto del árbol que está en medio del huerto dijo Dios:*
874 *No comeréis de él, ni le tocaréis, para que no muráis. 4 Entonces la*
875 *serpiente dijo a la mujer: No moriréis; 5 sino que sabe Dios que el día*
876 *que comáis de él, serán abiertos vuestros ojos, y seréis como Dios, sa-*
877 *biendo el bien y el mal. 6 Y vio la mujer que el árbol era bueno para*
878 *comer, y que era agradable a los ojos, y árbol codiciable para alcanzar*
879 *la sabiduría; y tomó de su fruto, y comió; y dio también a su marido,*
880 *el cual comió así como ella. 7 Entonces fueron abiertos los ojos de am-*

881 *bos, y conocieron que estaban desnudos; entonces cosieron hojas de*
882 *higuera, y se hicieron delantales. 8 Y oyeron la voz de Jehová Dios que*
883 *se paseaba en el huerto, al aire del día; y el hombre y su mujer se es-*
884 *condieron de la presencia de Jehová Dios entre los árboles del huerto.*
885 *9 Mas Jehová Dios llamó al hombre, y le dijo: ¿Dónde estás tú? 10 Y*
886 *él respondió: Oí tu voz en el huerto, y tuve miedo, porque estaba des-*
887 *nudo; y me escondí. 11 Y Dios le dijo: ¿Quién te enseñó que estabas*
888 *desnudo? ¿Has comido del árbol de que yo te mandé no comieses? 12*
889 *Y el hombre respondió: La mujer que me diste por compañera me dio*
890 *del árbol, y yo comí. 13 Entonces Jehová Dios dijo a la mujer: ¿Qué*
891 *es lo que has hecho? Y dijo la mujer: La serpiente me engañó, y comí.*
892 *14 Y Jehová Dios dijo a la serpiente: Por cuanto esto hiciste, maldita*
893 *serás entre todas las bestias y entre todos los animales del campo; sobre*
894 *tu pecho andarás, y polvo comerás todos los días de tu vida. 15 Y pon-*
895 *dré enemistad entre ti y la mujer, y entre tu simiente y la simiente*
896 *suya; ésta te herirá en la cabeza, y tú le herirás en el calcañar. 16 A la*
897 *mujer dijo: Multiplicaré en gran manera los dolores en tus preñeces;*
898 *con dolor darás a luz los hijos; y tu deseo será para tu marido, y él se*
899 *enseñoreará de ti. 17 Y al hombre dijo: Por cuanto obedeciste a la voz*
900 *de tu mujer, y comiste del árbol de que te mandé diciendo: No comerás*
901 *de él; maldita será la tierra por tu causa; con dolor comerás de ella*
902 *todos los días de tu vida. 18 Espinos y cardos te producirá, y comerás*
903 *plantas del campo. 19 Con el sudor de tu rostro comerás el pan hasta*
904 *que vuelvas a la tierra, porque de ella fuiste tomado; pues polvo eres,*
905 *y al polvo volverás. 20 Y llamó Adán el nombre de su mujer, Eva, por*
906 *cuanto ella era madre de todos los vivientes. 21 Y Jehová Dios hizo al*
907 *hombre y a su mujer túnicas de pieles, y los vistió. 22 Y dijo Jehová*
908 *Dios: He aquí el hombre es como uno de nosotros, sabiendo el bien y el*
909 *mal; ahora, pues, que no alargue su mano, y tome también del árbol*
910 *de la vida, y coma, y viva para siempre. 23 Y lo sacó Jehová del huer-*
911 *to del Edén, para que labrase la tierra de que fue tomado. 24 Echó,*
912 *pues, fuera al hombre, y puso al oriente del huerto de Edén querubines,*
913 *y una espada encendida que se revolvía por todos lados, para guardar*
914 *el camino del árbol de la vida.*

915 De esta forma, en estos dos capítulos tenemos la narración 916 de lo que fue la creación y lo ocurrido en el Huerto de Edén.

917 Como ya lo dije, es aquí, en estos capítulos del Génesis, 918 donde encontramos el error por excelencia.

919 La cuestión es que de la Biblia se dice que es infalible, que 920 es la palabra de Dios escrita; y yo creo que sí lo es. Sin embargo, 921 hay algo muy importante que debemos tener bien claro, y es que 922 dicho error no está en los escritos. El padre de los errores lo 923 encontramos en la interpretación que siempre se le ha dado a lo 924 escrito y es con razón que ello se cree, como siempre se ha creí- 925 do, debido al orden erróneo que, desde el principio, le dieron a 926 los versículos en estos dos primeros capítulos del Génesis.

927 Es normal creer que si la Biblia es infalible, no debería exis- 928 tir contradicción dentro de sus extensos relatos.

929 Sin embargo, entre estos versículos hay quienes creen ver 930 contradicción (ver significados de contradicciones del Génesis 931 en Google).

932 Para nadie es un secreto que la Biblia y la ciencia nunca han 933 concordado. Por un lado, la religión argumenta, según su crono- 934 logía, que la creación del mundo data de no más de siete mil años 935 de antigüedad, o diez mil años, en el caso de la Iglesia Católica, 936 por lo que, con razón, los creyentes creen que así es, ya que eso 937 es lo que se interpreta al leer tal cual como aparecen ordenados 938 los primeros capítulos del Génesis.

939 Por su lado, la ciencia asegura que el mundo tiene millones 940 de años de existencia. Y tienen razón quienes creen en los datos 941 científicos, pues no se puede negar que existen fósiles que evi- 942 dencian que así es, en vista de que los mismos datan de millones 943 de años que así lo demuestran.

944 Aunque parezca controversial, yo estoy seguro de que las dos 945 partes en conflicto están bien, tanto la religión como la ciencia, 946 cada una con su creencia. No obstante, tengo que afirmar que 947 ambas están erradas, la una con su evidencia y la otra con su fe, 948 pese a que las dos estén bien.

Hay que tener en cuenta que no es igual estar mal y estar errado, es decir, se puede estar bien estando errado.

Como ya sabemos, en este caso hay que recordar que ambas están erradas. El gran conflicto radica en la mala interpretación que siempre se le ha dado a las escrituras.

La historia nos habla de hombres como Karl Marx, quien fue un científico ateo, filósofo del siglo XIX. Este, por ser comunista, no creía en la existencia de Dios. Albert Einstein, científico del siglo XX, dijo que la existencia de Dios no era más que la debilidad de la mente humana.

Sin embargo, fue el mismo Albert Einstein quien, en una ocasión, dijo «Dios no juega a los dados con el universo». Este científico y filósofo, en lo personal, creo que tenía indicios de que tanto la ciencia como la religión concuerdan y ambas están en lo cierto, debido a que Einstein creía en que el origen del hombre había sido por naturaleza y su procreación por medio del sexo, lo cual es verdad.

En cuanto al universo, dijo: «Si Dios creó al mundo, su preocupación principal no fue, ciertamente, hacer su entendimiento sencillo para nosotros», lo que también es cierto.

Fue en 1948 que hubo, por primera vez, una mujer elegida para la academia de artes y ciencias, siendo una científica y astrónoma estadounidense, llamada María Mitchell, quien creía que las revelaciones de la Biblia y la comprensión de la naturaleza a través de la ciencia no estaban en desacuerdo. Dijo: «Si parecen estarlo, es porque no se comprende lo uno ni lo otro».

El gran error existente desde el principio tiene su origen en la mala interpretación que siempre se le ha dado a los primeros tres capítulos escritos en el libro del Génesis.

La razón por la que no se le ha podido dar la interpretación correcta a estos escritos del Génesis es precisamente por lo que dijo Einstein: porque Dios no quiso que fuera de fácil interpretación, por eso la profecía de Isaías 28: 13.

Como lo veremos a continuación, se nos facilitará comprender, a través de la revelación dada por el Espíritu Santo y de lo dicho por el profeta en Isaías 28: 13, que en estas dos narraciones del principio de la creación no existe contradicción. Por el contrario, son perfectas y está muy claro que son dos historias diferentes de dos acontecimientos distintos. La primera es el relato de lo que Dios hizo en la tierra cuando lo creó todo en los seis días, y la segunda narra lo que hizo Dios en el Huerto de Edén después de haber acabado o terminado de crear todo en la tierra, luego del descanso del día séptimo.

Recordemos lo que Isaías 28: 13 dice: «Un poquito allí, y otro poquito allá». La historia secular nos enseña, y la lógica nos dice que los antiguos escritos, en el principio, se hicieron en tabletas de piedra o arcilla, luego en pieles de animal o pergaminos, después en páginas de papel hecho de arroz, páginas con las que se editaron libros. En los últimos tiempos, estos se grabaron en casete y hoy los encontramos en audiolibros.

En cada una de las anteriores evoluciones de la escritura, en litografía, tipografía e imprenta, es razonable pensar que cada una de ellas tuvo que tener un gran proceso. Este comenzó en el siglo XV antes de Cristo, cuando el pueblo de Israel fue cautivo en Babilonia, donde se cree que se escribieron los cinco libros de la ley; y un siglo después de la muerte de Jesús, cuando los apóstoles terminaron de escribir los evangelios.

Luego, algunos siglos después, juntaron los veintisiete libros del Nuevo Testamento con los treinta y nueve del Antiguo Testamento, completando los sesenta y seis que formaron originalmente la Biblia cristiana Evangélica, escrita en el idioma arameo y hebreo durante un periodo de mil seiscientos años.

Tres siglos después, San Gerónimo, un sacerdote católico, se dio a la tarea de traducir la Biblia al idioma latín y armó lo que conocemos como la Biblia Vulgata.

En el siglo XV después de Cristo, William Tyndale, un inglés protestante, tradujo por primera vez la Biblia al idioma inglés.

1016 En el siglo XVI, la Biblia se tradujo por primera vez, por
1017 don Casiodoro de Reina, al idioma castellano o español.

1018 Fue en el Concilio de Nicea, convocado por el emperador
1019 de Roma, Constantino, y precedido por obispos cristianos de la
1020 Iglesia Católica, donde se decidió cuáles serían los libros que
1021 formarían la Biblia. En ese entonces, año 325 d. C, se escogió
1022 entre miles de escritos, de cuyos autores se dice que fueron ins-
1023 pirados por Dios para escribirlos, y a quienes correspondió tan
1024 importante misión de seleccionar y luego de poner en orden los
1025 escritos que ellos sintieron que debían hacer parte de la Biblia.
1026 Ellos, igualmente, debían estar inspirados por Dios.

1027 Ahora, yo considero haber sido inspirado, y creo que es
1028 necesario hacer una nueva revisión de la Biblia, ya que la palabra
1029 de Dios es infalible, pero influye que el conocimiento de que lo
1030 que hoy tenemos, en la forma que lo tenemos, sea lo que ocasio-
1031 ne el mencionado y conocido conflicto entre ambas partes, la
1032 ciencia y la religión, por lo que muchos piensan (y con razón lo
1033 hacen), que la Biblia no es la palabra de Dios.

1034 Lo que hice fue desarmar y rearmar la Biblia, ordenándola
1035 como yo entiendo, según la revelación que creo haber recibido
1036 de parte de Dios, que es como debe estar escrita.

1037 Como notaría un buen estudiante, en mi relato pareciera
1038 haber una contradicción cuando me refiero a la *inspiración,* pero
1039 no es así, no es un contradicho. Aquí lo que pasa es una de dos:
1040 o los encargados de ordenar la Biblia por libros, capítulos y ver-
1041 sículos, creyendo estar inspirados para hacerlo de la forma co-
1042 rrecta, no lo estaban cuando armaron lo correspondiente a los
1043 primeros capítulos del Génesis; o yo no estaba inspirado cuando
1044 vi lo que vi y que ahora estoy presentando.

1045 Ambos podremos estar bien, pero uno de los dos debe estar
1046 errado. Esto le corresponde determinarlo a usted, dependiendo
1047 de la revelación que Dios le dé después de estudiar y comparar
1048 lo que desde el principio está escrito con lo escrito en este estudio.

Como ya lo afirmé, en lo personal y sin pretender polemizar o criticar al respecto, me satisface poder compartir aquí y ahora que hoy tengo una mejor claridad de todo lo que es el precioso propósito que Dios tiene para todos nosotros, los seres humanos a quienes hizo a su imagen y semejanza, dándonos la potestad de ser sus hijos. Es una claridad que no pude ver en lo que hasta ahora se encuentra en la narración, tal y como no lo están presentando en estos capítulos y versículos, los mismos que nos cuentan cómo fue el principio de la creación del mundo y de todo lo que hay y existe en la tierra, incluyendo al hombre. Estos, al leerlos como los tenemos, son los causantes de la confusión y el gran error al que me he venido refiriendo.

Creo que la forma correcta como debe escribirse la Biblia es de la siguiente manera. Ahora bien, aquí no se trata de cómo lo vea yo; aquí lo importante es cómo lo vea e interprete usted según la inspiración que tenga en este momento al leer estos escritos y lo que finalmente usted decida creer.

Libro del Génesis corregido

1:1 En el principio creó Dios los cielos y la Tierra. 2 Estos son los orígenes de los cielos y de la tierra cuando fueron creados, el día que Jehová Dios hizo la tierra y los cielos. 3 y toda planta del campo antes que fuera en la tierra, y toda hierba del campo antes que naciera; porque Jehová Dios aún no había hecho llover sobre la tierra, ni había hombre para que labrase la tierra. 4 sino que subía de la tierra un vapor, el cual regaba toda la faz de la tierra. 5 Y la tierra estaba desordenada y vacía, y las tinieblas estaban sobre la faz del abismo, y el espíritu de Dios se movía sobre la faz de las aguas. 6 Y dijo Dios sea la luz; y fue la luz. 7 Y vio Dios que la luz era buena; y separó Dios la luz de las tinieblas. 8 Y llamó Dios a la luz Día, y a las tinieblas llamó noche. Y fue la tarde y la mañana un día. 9 Luego dijo Dios: haya expansión en medio de las aguas; y separe las aguas de las aguas. 10 E hizo Dios la expansión y separó las aguas que estaban debajo de la expansión, de las aguas que estaban sobre la expansión. Y fue así. 11 Y llamó Dios a la expansión Cielos. 12 Dijo también Dios: júntense las aguas que están debajo de los Cielos en un lujar; y descúbrase lo seco. Y fue así. 13 Y llamó Dios a lo seco tierra y a reunión de las aguas llamó mares. Y vio Dios que era bueno. Y fue la tarde y la mañana el día segundo. 14 Dijo luego Dios: Haya lumbreras en la expansión de los cielos para separar el día de la noche; y sirvan de señales para estaciones, para días y años. 15 Y sean por lumbreras en la expansión de los cielos, para alumbrar sobre la tierra. Y fue así. 16 E hizo Dios las dos grandes lumbreras; la lumbrera mayor para que señorease en el día, y la lumbrera menor para que señorease en la noche; hizo también las estrellas. 17 Y las puso Dios en la expansión de los cielos para alumbrar sobre la tierra, 18 Y para señorear en el día y en la noche, y para separar la luz de las tinieblas. Y vio Dios que era bueno. 19 Y fue la tarde y la mañana el día tercero. 20 Después dijo Dios: produzca la tierra hierba verde, hierba que dé semilla; árbol de fruto que dé fruto según su género, que su semilla esté en él, sobre la tierra. Y fue así. 21 Produjo, pues, la tierra hierba verde, hierba que da semilla según su naturaleza; y árbol que da fruto, cuya semilla está en él, según su género. Y vio Dios que era bueno. 22 Y fue la tarde y la mañana del día cuarto. 23 Dijo Dios: produzcan las aguas seres vivientes, y aves que vuelen sobre la tierra, en la abierta expansión de los cielos. 24 Y creó Dios los grandes mostros marinos, y todo ser viviente que se mueve, que las aguas produjeron según su género; y toda ave alada según su especie. Y vio Dios que era bueno. 25 Y Dios los bendijo diciendo: fructificad y multiplicaos, y llenad las aguas en los mares, y multiplíquense las aves en la tierra. 26 Y fue la tarde y la mañana el día quinto. 27 Luego dijo Dios: produzca la tierra seres vivientes según su género, animales de la tierra según su especie, bestias y serpientes. Y fue así. 28 E hizo Dios animales de la tierra según su género, y ganado según su género, y todo animal que se arrastra sobre la tierra según su especie. Y vio Dios que era bueno. 29 Entonces dijo Dios: hagamos al hombre a nuestra imagen, conforme a nuestra semejanza; y señoree en los peces del mar, en las aves de los Cielos, en las bestias, en toda la tierra y en todo animal que se arrastra sobre la tierra según su especie. Y vio Dios que era bueno. 30 Y creo Dios al hombre a su imagen, a imagen de Dios lo creo, varón y hembra los creo. 31 Y los bendijo Dios y les dijo: fructificad y multiplicaos, llenad la tierra y sojuzgadla; y señoread en los peces del mar, en las aves de los Cielos, y en todas las bestias que se mueven sobre la tierra.

2: 1 Y dijo Dios: he aquí que les he dado toda planta que da semilla que hay sobre toda la tierra, y todo árbol en que hay fruto y que da semilla os serán para comer. 2: 2 Y a toda bestia de la tierra, y a todas las aves de los Cielos, y a todo lo que se arrastra sobre la tierra en que hay vida, toda planta verde les será para comer. Y fue así. 2: 3 Y vio Dios todo lo que había hecho, y he aquí que era bueno en gran manera. Y fue la tarde y la mañana el día sexto. 2: 4 Fueron, pues, acabados los Cielos y la tierra, y todo el ejército de ellos. 2: 5 Y acabó Dios en el día séptimo la obra que hizo y reposó, en el día séptimo de toda la obra que hizo. 2: 6 Y bendijo Dios al día séptimo, y lo santificó, porque en el reposo de toda la obra que había hecho en la creación.

Como vemos aquí, hemos hecho un cambio en el orden de los versículos, conservando en su totalidad lo escrito por los autores de las escrituras según la Biblia Reina Valera 1960, ya que como aparece escrito no concuerda con lo que, queriendo Dios, se comprendiera que se trata de dos historias. Desde Génesis 1:1-2:3 habla de lo creado en los seis días. Mientras que desde el versículo 2: 7-3: 24 se trata de la creación y lo acontecido en el jardín de Edén.

Como se puede entender, desde Géncsis 1: 1-2: 6, tenemos un relato de lo que fue la creación, el cual finaliza diciendo que Dios terminó con todo lo que en su mente iba a crear, incluyendo al hombre.

1149 Es muy importante tener en cuenta que Dios creó al hombre
1150 el mismo día que hizo a los a los seres vivientes, bestias, serpien-
1151 tes y animales de la tierra Génesis 1: 24: *Luego dijo Dios: Pro-*
1152 *duzca la tierra seres vivientes según su género, bestias y serpientes y*
1153 *animales de la tierra según su especie. Y fue así.* Por lo tanto, el
1154 hombre es un ser viviente, diferente a las bestias y animales de
1155 la tierra, según Génesis 1: 24.

1156 Más adelante veremos cómo Dios elige a la serpiente para
1157 hacerla a su imagen, conforme a su semejanza; es decir, de la
1158 serpiente Dios hizo al hombre. Dios decidió convertirla en un
1159 hombre a imagen y semejanza de Dios, lo que no hizo con nin-
1160 gún otro ser del planeta.

1161 También podemos observar en Génesis 1: 24-25 lo siguiente:
1162 Dios hizo potencialmente todo, y aquí encontramos el eslabón
1163 perdido que le está haciendo falta a la ciencia para entender de
1164 dónde viene el ser humano, el hombre (homo sapiens). Y, al mis-
1165 mo tiempo, con estos versículos queda comprendido para la religión
1166 cómo fue que Dios hizo al hombre, terminando con el mito de
1167 que Dios hizo un muñequito de barro y sopló en su nariz aliento
1168 de vida. Es decir, Dios únicamente emitía la orden, y la naturale-
1169 za obedecía. Los árboles, la hierba verde y todos los animales,
1170 incluyendo al hombre, fueron producto de la tierra y del agua.
1171 Génesis 1: 11: *Después dijo Dios: Produzca la tierra hierba verde.*
1172 Génesis 1: 20: *Dijo Dios: Produzcan las aguas seres vivientes.* Gé-
1173 nesis 1: 24: *Luego dijo Dios: Produzca la tierra seres vivientes.*

1174 Según el relato Bíblico, no se nos dice cómo fueron hechas
1175 la tierra y el agua, pues desde el principio el espíritu de Dios se
1176 movía sobre las aguas. Sobre el sol, la luna y las estrellas solo se
1177 nos dice que Dios habló y aparecieron. Pero la lógica me dice
1178 que todo fue un proceso que tuvo que haber tardado millones de
1179 años, es por eso que la narración de la creación comienza dicien-
1180 do que en el principio Dios creó los cielos y la tierra. Aquí en-
1181 contramos un punto final, luego vemos cómo fue que Dios hizo
1182 todo. Es decir, lo que se nos enseña después de este punto es un

relato de cómo fue que Dios lo hizo, y más adelante se nos dice para qué fue que Dios hizo la tierra y todo el ejército que hay en ella. Cada escrito corresponde a una época y situación diferente.

Génesis 2: 7 describe acontecimientos ocurridos mucho tiempo después de lo narrado en Génisis 1: 26-27, cuando ya la tierra estaba poblada, después de que el hombre de la tierra hubiera cumplido la orden de Dios, cuando Dios los creó y luego bendijo; y mandó a fructificar y multiplicar sobre la tierra. Génesis 1: 28: *Y los bendijo Dios, y les dijo: Fructificad y multiplicaos; llenad la tierra.*

Cuando en Génesis 2: 7 Dios está formando al hombre de la tierra, la expresión no es que lo esté haciendo del producto de la tierra, es que el hombre de la tierra ya había sido hecho en Génesis 1: 27, *Y creó Dios al hombre a su imagen, a imagen de Dios lo creó; varón y hembra los creó.* En esta acción de Génesis 2: 7, Dios está formando uno de estos hombres, está poniendo dentro de un cuerpo similar al cuerpo que produjo la tierra cuando, en el principio, la tierra produjo seres vivientes, dentro de los cuales estaba la serpiente, la cual Dios escogió para hacer al hombre a su imagen y semejanza. Y después de que estos seres vivientes se multiplicaran sobre la faz de la tierra, para lograr ser a semejanza de Dios, pues ya tenían la imagen de Dios, pero para obtener la semejanza se necesita un proceso que sería realizado con seres celestiales, por lo que Dios comisionó a Adán y Eva para que, como pareja, procrearan seres vivientes en la tierra. Eso era lo que Dios estaba haciendo cuando formo al hombre de la tierra, estaba poniendo dentro de ese cuerpo a Adán y Eva quienes eran Espíritu. Pero antes tenía que hacerlos como hombres de la tierra, es decir, debía formarlos dándoles un cuerpo dentro del cual Adán y Eva pudieran relacionarse con los humanos.

Por eso es que este hombre recibe el nombre de «hombre de la tierra», y se convierte en un ser viviente cuando Dios pone dentro de ese cuerpo, con la acción del soplo en la nariz, a Adán y a Eva. Estos últimos eran seres celestiales, ahora formados en seres vivientes de la tierra, es decir, hombres, varón y hembra.

1217 Ahora veremos cómo Dios puso a este hombre en el Huerto de
1218 Edén. Génesis 2: 15: *Tomó, pues, Jehová Dios al hombre, y lo puso*
1219 *en el huerto de Edén, para que lo labrara y lo guardase.*

1220 Luego Dios dividió ese cuerpo en dos partes, Adán y Eva
1221 como pareja, como los hombres de la tierra, varón y hembra,
1222 pero ahora con la doble particularidad, la celestial y la terrenal,
1223 y para vivir en el huerto de Edén, cumpliendo la misión de
1224 transformar a los seres de la tierra en seres celestiales. Fue una
1225 misión que no se realizó, gracias a que Eva creyera a la serpien-
1226 te, haciendo lo que Dios les había dicho que no hicieran.
1227 Podemos resumir que cuando Dios decidió plantar el Jardín
1228 de Edén, la tierra ya estaba llena de hombres, varones y hembras.
1229 Aquí vamos a entrar en algo precioso, que es lo que el hom-
1230 bre, hasta donde yo tengo conocimiento, no ha podido captar, y
1231 es que, según lo leído y lo que vamos a estar leyendo a lo largo
1232 y ancho de este estudio, nos enseñará que para eso fue que Dios
1233 nos creó. Primero, para que nos multipliquemos, llenando la
1234 tierra, y, segundo, para que nos espiritualicemos y nos perfeccio-
1235 nemos, con lo cual podamos vivir eternamente con Dios. Pero
1236 en la condición materialista en la que fuimos creados ni siquie-
1237 ra podemos viajar al paraíso celestial, pues, por ser Dios un es-
1238 píritu, es necesario que sus hijos seamos espirituales.
1239 En la narración de estos treinta y ocho versículos del primer
1240 capítulo del Génesis, el autor del libro nos cuenta lo que ocurrió
1241 en la tierra durante un período de tiempo no establecido.
1242 En los siguientes cuarenta y siete versículos, la narración
1243 corresponde a otra época, cuando Dios decidio espiritualizar a
1244 sus hijos; los hombres de la tierra haciendo una réplica en mi-
1245 niatura aquí en la tierra. de lo que es el paraiso original el lugar
1246 donde Dios habita, para lo cual plantó un huerto al Oriente en
1247 un lugar que llamo Edén.
1248 Es de suma importancia tener en cuenta qué hizo nacer Dios
1249 de la tierra en Edén, es decir, de lo mismo que antes la tierra ya

había producido, cuando, los seis días de la creación, aquí en el Jardín de Edén, Dios está repitiendo lo hecho en la tierra.

El Edén, siendo un lugar santísimo, o mejor dicho espiritual, después de que Dios hiciera nacer todo lo material que había en la tierra, se convirtió en un lugar mezclado. Por supuesto que ese fue el propósito de Dios. También puso Dios en el Jardín de Edén otras cosas que, en la forma como está escrito, jamás el hombre podrá entender, pero que con el conocimiento que ya tenemos, según la profecía de Isaías 28: 13, y con la revelación que Dios me dio a través de Mateo 11: 25, la cual usted está a punto de recibir, serán de fácil comprensión.

El hombre en el Jardín de Edén

Génesis 2: 7-25: *7 Entonces Jehová Dios formó al hombre del polvo de la tierra, y sopló en su nariz aliento de vida, y fue el hombre un ser viviente. 8 Y Jehová Dios plantó un huerto en Edén, al oriente; y puso allí al hombre que había formado. 9 Y Jehová Dios hizo nacer de la tierra todo árbol delicioso a la vista, y bueno para comer; también el árbol de vida en medio del huerto, y el árbol de la ciencia del bien y del mal. 10 Y salía de Edén un río para regar el huerto, y de allí se repartía en cuatro brazos. 11 El nombre del uno era Pisón; éste es el que rodea toda la tierra de Havila, donde hay oro; 12 y el oro de aquella tierra es bueno; hay allí también bedelio y ónice. 13 El nombre del segundo río es Gihón; éste es el que rodea toda la tierra de Cus. 14 Y el nombre del tercer río es Hidekel; éste es el que va al oriente de Asiria. Y el cuarto río es el Éufrates. 15 Tomó, pues, Jehová Dios al hombre, y lo puso en el huerto de Edén, para que lo labrara y lo guardase. 16 Y mandó Jehová Dios al hombre, diciendo: De todo árbol del huerto podrás comer; 17 mas del árbol de la ciencia del bien y del mal no comerás; porque el día que de él comieres, ciertamente morirás. 18 Y dijo Jehová Dios: No es bueno que el hombre esté solo; le haré ayuda idónea para él. 19 Jehová Dios formó, pues, de la tierra toda bestia del campo, y toda ave de los cielos, y las trajo a Adán para que*

viese cómo las había de llamar; y todo lo que Adán llamó a los ani-
males vivientes, ese es su nombre. 20 Y puso Adán nombre a toda
bestia y ave de los cielos y a todo ganado del campo; mas para Adán
no se halló ayuda idónea para él. 21 Entonces Jehová Dios hizo caer
sueño profundo sobre Adán, y mientras éste dormía, tomó una de sus
costillas, y cerró la carne en su lugar. 22 Y de la costilla que Jehová
Dios tomó del hombre, hizo una mujer, y la trajo al hombre. 23 Di-
jo entonces Adán: Esto es ahora hueso de mis huesos y carne de mi
carne; ésta será llamada Varona, porque del varón fue tomada. 24
Por tanto, dejará el hombre a su padre y a su madre, y se unirá a su
mujer, y serán una sola carne. 25 Y estaban ambos desnudos, Adán y
su mujer, y no se avergonzaban.

Lo anterior es como un enigma, y por eso la gran confusión, como ya vimos, en el hombre del Génesis 2:7. No es el mismo hombre que Dios hizo en la tierra en Génesis 1:27. Este versículo dice que Dios hizo al hombre, varón y hembra los creó, en el versículo 2:7. Dice que Dios formó, no que Dios hizo. Hacer es crear de la nada, formar es poner orden o armar algo. En este versículo, lo que Dios está haciendo es poner en forma a Adán y a Eva, a quienes Dios trajo del paraíso celestial para que cumplieran con la misión de espiritualizar a los seres vivientes, los hombres que Dios hizo en la tierra (Génesis 1:27); y por ser Adán y Eva espirituales, para poder convivir con los hombres de la tierra, Dios tuvo que hacer con ellos un proceso de materialización. Es decir, Dios formó un cuerpo con los mismos materiales que componen nuestro cuerpo, el cual fue producto de la tierra; y, una vez que hubo formado el cuerpo para Adán y Eva, dice el versículo que Dios sopló sobre su nariz aliento de vida, y el hombre fue un ser viviente, es decir, Adán, después del soplo en su nariz, empezó a ser igual a los seres vivientes de Génesis 1: 27.

La realidad es que en la acción del soplo sobre la nariz, Dios estaba poniendo a Adán y a Eva dentro de ese cuerpo, con el propósito de que fueran iguales a los hombres de la tierra.

En la actualidad, el hombre de la tierra ya tiene conocimiento de que el cuerpo solo es el estuche dentro del cual nosotros, los seres vivientes, los humanos, moramos. Acerca de esto hay mucho de qué hablar, pero, si lo hacemos, no nos alcanzará el tiempo que estemos en este mundo. Juan 21: 25: *Y hay también otras muchas cosas que hizo Jesús, las cuales, si se escribieran una por una, pienso que ni aun en el mundo cabrían los libros que se habrían de escribir. Amén.*

Por lo tanto, trataré de ser breve pero conciso. Después de que Dios formó a Adán, convirtiéndolo en un ser viviente de la tierra, lo tomó y lo puso en el Huerto de Edén. Es lo mismo que ocurrió con Jesús, que, siendo un ser celestial o espiritual, fue necesario formarlo y convertirlo en un ser viviente de la tierra, para poder ponerlo en esta como un ser humano, con el fin de que cumpliera con la misión de convertir a los hombres de la tierra en seres *espirituales.* Con Jesús, lo que Dios se propuso fue hacerlo nacer mediante el proceso normal de procreación que existió desde el principio, cuando los seres vivientes, los hombres, comenzaron a multiplicarse sobre la faz de la tierra. Y, con Jesús, Dios realizó el proceso de materialización a través de José y María, en vista de que el proceso que había utilizado con Adán y Eva simplemente no había funcionado. Si en el Huerto de Edén las cosas hubieran ocurrido tal como Dios las había programado, los seres vivientes creados en Génesis 2: 26 se hubieran comenzado a espiritualizar en ese entonces, convirtiéndose en seres celestiales, obteniendo vida eterna a través de la unión que debería efectuarse entre los hijos de Dios, es decir, la descendencia que viniera de la unión de Adán y Eva, «simiente», y la unión entre los varones y varonas de la tierra, «simiente». Esto se habría conseguido si Adán y Eva hubieran procreado uniéndose entre ellos, como Dios lo dispuso. Pero como Eva creyó a la criatura con el conocimiento de lo bueno y lo malo a la que Dios llamó «el árbol de la ciencia del bien y del mal», Jesús tuvo que venir a reformar lo que había quedado inconcluso en el Huerto de Edén. Cuando Adán y Eva desobedecieron la orden que Dios les dio de no creer al hombre con el conocimiento del bien y el mal. De esta forma, el plan Divino de Dios se truncó, por lo que Dios se vio en la obligación de abortar ese plan, terminando con el Edén y poniendo a Adán y a Eva en la tierra. Génesis 3:23: *Y lo sacó Jehová del huerto del Edén, para que labrase la tierra de que fue tomado.*

Aquí es necesario y muy importante hacer un paréntesis para tocar el tema de la importancia que tiene Jesús y su evangelio para nosotros, los seres humanos, desde el inicio de la iglesia: ya que si bien es cierto el conocer la revelación en este estudio presentada (o no conocerla), no cambia en nada la condición de la relación del hombre con Dios, el conocer, creer y vivir las enseñanzas de Jesús sí es de mucho interés y beneficio, en lo que profundizaremos, en el estudio de este tema en el volumen 2 de *Los secretos revelados de la Biblia.*

Una vez expulsados de Edén, Adán y Eva continuaron viviendo, pero ahora como seres vivientes de la tierra, conservando las dos naturalezas, una como seres nacidos en los lugares celestiales, y otra como seres vivientes transformados a hombres de la tierra, donde tuvieron muchos hijos e hijas. Génesis 5: 4 *Y fueron los días de Adán después que engendró a Set, ochocientos años, y engendró hijos e hijas.* Génesis 6: 1-2: 1 *Aconteció que cuando comenzaron los hombres a multiplicarse sobre la faz de la tierra, y les nacieron hijas, 2 que viendo los hijos de Dios que las hijas de los hombres eran hermosas, tomaron para sí mujeres, escogiendo entre todas.*

Desde entonces y hasta hoy ha sido necesario que Dios trate de muchas maneras con los hombres. Hebreos 1: 1: *Dios, habiendo hablado muchas veces y de muchas maneras en otro tiempo a los padres por los profetas* (Abraham, Moisés, Jesús…).

Ahora, con lo que hoy estamos conociendo, veamos qué fue lo que en realidad ocurrió en el Edén después de que Dios formase al hombre de la tierra y lo pusiera en el Huerto para que lo labrara y lo cuidara.

Recordemos que en el huerto de Edén ya Dios había puesto al hombre Adán, el árbol de la vida y también el árbol de la ciencia del bien y del mal.

En primer lugar, como ya lo expresamos, Adán no es el hombre de la tierra creado en Génesis 1: 27. Este Adán es la pareja de Eva, que, como también vimos, son seres celestiales que Dios trajo a la tierra, para convertirlos en seres vivientes de la tierra, es decir, semejantes al varón y del Génesis 1: 27, y con la misma misión de procrear y multiplicarse en el Edén.

Génesis 2: 24: Por tanto, dejará el hombre a su padre y su madre y se unirá a su mujer y serán una sola carne.

En Génesis 2: 7 vemos que Dios formó al hombre y dijimos que con el acto de soplar en la nariz del cuerpo lo que Dios estaba haciendo era poner a Adán y a Eva dentro de ese cuerpo que había formado. Es por eso que, estando ya en el Huerto, Dios dividió a Adán en dos, dándole un cuerpo también a Eva. Génesis 2: 21-22: 21 *Entonces Jehová Dios hizo caer sueño profundo sobre Adán, y mientras éste dormía, tomó una de sus costillas, y cerró la carne en su lugar. 22 Y de la costilla que Jehová Dios tomó del hombre, hizo una mujer, y la trajo al hombre.*

Lo anterior es un tipo perfecto de lo que en la actualidad es el proceso de la procreación. Notemos cómo Dios sacó de dentro del hombre una criatura, que, siendo una parte del hombre, pasó a ser otro hombre. En el caso de Eva, se convierte en mujer, pero en el caso del parto es una criatura que nace de otra criatura.

Con Adán, Dios dividió ese cuerpo, sacando una costilla del cuerpo de Adán, con la que formó otro cuerpo dentro del cual puso a Eva, para que cada uno quedara con su propio cuerpo y su propio género, lo mismo que con los hombres de la tierra, varón y hembra, para que pudieran cumplir con la misión de procrear dando a luz hijos espirituales.

Como ya lo hemos visto varias veces, y, si es necesario repetirlo, lo haremos las veces que sea, para que nos quede bien claro, la misión de Adán y de Eva en el Jardín del Edén fue que, como marido y mujer, se unieran en la carne, en una relación sexual, para procrear hijos espirituales o, lo que es igual, hijos de Dios. Estos, al unirse con los hijos de los hombres de la tierra,

1417 se convertirían de naturales carnales a espirituales hijos de Dios,
1418 para que, en la unión de los hijos de Dios con las hijas de los
1419 hombres, al nacer sus hijos, esa simiente fuera una mezcla entre
1420 carnal y espiritual.

1421 Aquí viene lo que hasta hoy ha sido una enorme confusión
1422 con lo del pecado terrenal, la desobediencia de Eva, el mito de
1423 la serpiente y la manzana. Aunque en la actualidad está claro que
1424 esa versión no es real, lo que no está claro todavía es qué fue lo
1425 que sucedió en realidad para que hoy, después de tantos miles de
1426 años, se nos juzgue o seamos victimas de aquel acto.

1427 Primero: lo del mordisco a la manzana es fácil de descartar,
1428 puesto que en el principio Dios les permitió comer de todo árbol
1429 de fruto. Génesis 2: 16 *Y mandó Jehová Dios al hombre, diciendo:*
1430 *De todo árbol del huerto podrás comer.*

1431 Segundo: De haber sido cierto lo de la manzana, no tiene
1432 sentido que haya sido por una fruta de las que Dios hizo nacer
1433 de la tierra, y después de haberlos bendecido diciéndoles que
1434 podían comer de todo árbol que diera fruto, tanto en la tierra
1435 como en el Huerto del Edén. Génesis 1: 29: *Y dijo Dios: He aquí*
1436 *que os he dado toda planta que da semilla, que está sobre toda la tierra,*
1437 *y todo árbol en que hay fruto y que da semilla; os serán para comer.*

1438 Lo más inverosímil es creer que todos los seres humanos
1439 habidos y por haber en la tierra estemos muertos por causa de
1440 esa acción.

1441 Quienes creemos que fue Dios el creador de todo lo que hay
1442 y existe en este mundo tenemos la certeza y vivimos seguros y
1443 confiados con el conocimiento de que Dios no es tan cruel como
1444 para matar a toda la raza humana por una manzana que se comió
1445 Eva y compartió con Adán.

1446 Tercero: No existe una relación entre comer manzana y que
1447 se les abran los ojos sabiendo el bien y el mal, llegando a ser
1448 como Dios. Génesis 3 4-7: *Entonces la serpiente dijo a la mujer:*
1449 *No moriréis; sino que sabe Dios que el día que comáis de él, serán*

abiertos vuestros ojos, y seréis como Dios, sabiendo el bien y el mal. Por otro lado, el darse cuenta de que estaban desnudos, sintiendo vergüenza; siendo que antes de supuestamente comer la manzana, ambos, Adán y Eva, estaban desnudos y no se avergonzaban.

Génesis 2: 25: *Y estaban ambos desnudos, Adán y su mujer, y no se avergonzaban.*

Cuarto: Aquí nos encontramos con un interesante diálogo entre Dios y el hombre en el Jardín del Edén, el cual nos da mucho que pensar. Génesis 3: 9-11: 9 *Mas Jehová Dios llamó al hombre, y le dijo: ¿Dónde estás tú? 10 Y él respondió: Oí tu voz en el huerto, y tuve miedo, porque estaba desnudo; y me escondí. 11 Y Dios le dijo: ¿Quién te enseñó que estabas desnudo? ¿Has comido del árbol de que yo te mandé no comieses?*

Dios no preguntó «qué te hizo saber», o «qué te enseñó que estabas desnudo». Dios fue directo, sabiendo que había sido una criatura, y preguntó «¿quién te enseñó que estabas desnudo?».

Quinto: De haber sido una manzana lo que Eva se comió, Dios hubiera castigado a Eva, algo así como diciendo «multiplicaré en gran manera los dolores en tu garganta, con dolor pasarás los frutos cuando comas».

Pero como no fue por causa de la manzana, lo que Dios dijo fue «multiplicaré en gran manera los dolores en tus preñeces; con dolor darás a luz a tus hijos» (Génesis 3: 16).

La razón fue porque Dios había programado que antes de Adán y Eva las mujeres de la tierra no sintieran dolor cuando daban a luz a sus hijos, pero, como el hijo que iba a nacer de la relación en desobediencia era causa de dolor, por haber sido concebido fuera del plan de Dios, el castigo fue que en adelante en cada hijo que una mujer pariera sufriera los dolores de la preñes.

Sexto: Cuando Eva tuvo un diálogo con la serpiente, noten que Eva dice que Dios les dijo que podían comer de todo árbol del huerto, pero que del árbol que estaba en medio del huerto no debían comer, ni siquiera debían tocarlo.

En primer lugar, Dios nunca le dijo a Adán que ni siquiera fuera a tocar el árbol. Pensemos en que cuando un hombre desea convencer a una mujer de tener sexo, comienza con caricias, *tocándola*.

Por lo tanto, es obvio que si Dios en verdad les hubiera dicho que no debían siquiera tener contacto físico con el fruto, es obvio que no se refería a un árbol de frutos.

Génesis 3: 2-3: *la mujer respondió a la serpiente: Del fruto de los árboles del huerto podemos comer; pero del fruto del árbol que está en medio del huerto dijo Dios: No comeréis de él, ni le tocaréis, para que no muráis.*

Séptimo: En Génesis 3: 15, dijo Dios a la serpiente que habría discordia entre el hijo de la serpiente y el hijo de Adán y Eva. La lógica me dice que no existe relación alguna entre una manzana y la relación personal entre dos personas o simientes.

Génesis 3: 15 *Y pondré enemistad entre ti y la mujer, y entre tu simiente y la simiente suya; ésta te herirá en la cabeza, y tú le herirás en el calcañar.*

Ahora debemos regresar a la profecía de Isaías y con la revelación o traducción del Espíritu Santo. Veamos qué fue lo que Dios hizo en el Huerto de Edén, el Paraíso de Dios.

Continuemos con el relato del principio de la creación, habíamos quedado en Génesis 1:37. Lo ocurrido en la tierra cuando Dios creó todo lo que es y existe.

El hombre en el huerto del Edén

2 1 Entonces Jehová Dios formó al hombre del polvo de la tierra, y sopló en su nariz aliento de vida, y fue el hombre un ser viviente. 2 Y Jehová Dios plantó un huerto en Edén, al oriente; y puso allí al hombre que había formado. 3 Y Jehová Dios hizo nacer de la tierra todo árbol delicioso a la vista, y bueno para comer; también el árbol de vida en medio del huerto, y el árbol de la ciencia del bien y del mal.

1. Cuando Dios formó al hombre del polvo de la tierra, Genesis 2:7 *Entonces Jehová Dios formó al hombre del polvo de la tierra, y sopló en su nariz aliento de vida, y fue el hombre un ser viviviente,* El hombre de Genesis 1: 27, ya había sido hecho, *Y creó Dios al hombre a su imagen, a imagen de Dios lo creó; varón y hembra los creó.*

Como lo vemos aquí, en la Biblia revisada (2020), lo que nos confirma Génesis 2: 7 es que Dios está realizando un proceso, Dios está formando un hombre con un cuerpo y unos seres celestiales. Esto es, está materializando a estos seres que son espíritu. Nosotros, los seres vivientes creados en la tierra por Dios, mientras estemos aquí en la tierra, debemos estar dentro de un cuerpo material, para poder vernos y tener contacto físico, hasta que, en un lejano futuro, logremos espiritualizarnos a través de un largo proceso ascendente que debemos realizar según los designios de Dios, cumpliendo su propósito.

Con Adán y Eva fue viceversa, ellos tuvieron que descender. De espirituales, debieron convertirse en carnales: ellos, siendo espirituales, fue necesario que Dios les diera un cuerpo de la tierra, poniéndolos dentro del mismo, para que pudieran tener relación física y visual con los hombres de la tierra, llegando a ser semejantes a los seres vivientes que produjo la tierra. Génesis 1: 24: *Luego dijo Dios: Produzca la tierra seres vivientes según su género.* Dicho proceso de materialización lo realizó Dios, y por ser un proceso descendente, no se necesitó de tiempo, sino que con un soplo Dios formó al hombre de la tierra y lo puso en Edén. De esta manera, Adán y Eva obtuvieron vida para habitar en la tierra como seres vivientes de la misma, aunque el propósito de Dios era que ellos habitaran un lugar similar al lugar original donde él vive; es decir, en el paraíso que hizo Dios en la tierra, el Jardín del Edén.

Dicho propósito de Dios habría sido perfecto si Adán y Eva no hubieran desobedecido. Si ellos no hubieran fallado, todos los hombres de la tierra habríamos vivido en el paraíso, el Jardín del Edén, eternamente. Todos los hijos que Adán y Eva tuviesen como pareja, a medida que fuesen naciendo, pasarían a ser los hijos directos de Dios, pero, por haber sido concebidos después de la falta, todos tuvieron que vivir en la tierra, siendo mortales.

2. El árbol de la vida es un alimento espiritual que servía de alimento a Adán, a Eva, a su descendencia y a la criatura que representó el árbol del bien y del mal. Recordemos que él también era espiritual, transformado a un ser material, es decir, la serpiente. Pues Adán y Eva, siendo espirituales y viviendo en cuerpos terrenales, tenían la misión de que, al igual que ellos, que ya eran eternos, pudieran dar vida eterna a los seres vivientes de la tierra. Por lo tanto, Adán, Eva y su descendencia tenían que alimentarse del árbol de la vida, así vivirían para siempre. Génesis 3*: Y dijo Jehová Dios: He aquí el hombre es como uno de nosotros, sabiendo el bien y el mal; ahora, pues, que no alargue su mano, y tome también del árbol de la vida, y coma, y viva para siempre.*

3. En cuanto al árbol de la ciencia del bien y del mal, este es un ser celestial que, al igual que Adán y Eva, fue formado y puesto dentro de un cuerpo igual al cuerpo de los hombres creados en la tierra. Este ser fue materializado mucho antes de la venida de Adán y Eva, y mucho después de que Dios creara al hombre, cuando varón y hembra los creó, escogidos de dentro de los seres vivientes que la tierra produjo.

Génesis 1: 24 Luego dijo Dios*: Produzca la tierra seres vivientes según su género, bestias y serpientes y animales de la tierra según su especie. Y fue así.* De este ser y este acontecimiento, la Biblia no hace una narración directamente, pero estoy seguro de que en algún registro de los miles de escritos que existen y que no se escogieron para formar las sagradas escrituras debe estar plasmada con más detalles la narración de esta etapa de la humanidad. Estos versículos que estamos escudriñando del primer libro de la Biblia Reina Valera 1960, traducida al idioma español por Casiodoro de Reina en el año 1569 con el nombre de «Biblia del Oso», han tenido varias revisiones, siendo la primera en el año 1602, por

Cipriano de Valera, quien le dio el nombre de «Biblia Reina Valera», que es como la conocemos hoy. Pero la misma ha sido revisada en varias ocasiones y en diferentes épocas (1862; 1865; 1909; 1960; 1977; 1995; 2011). En ninguna de estas revisiones se presenta la historia de lo que estamos hablando aquí, por lo que considero que esta es la siguiente y actual revisión que se debe hacer de los sacros libros del antiguo y nuevo testamento. El caso es que la misión de este ser en la tierra era como la de un líder que gobierna a un pueblo, enseñando sabiduría de Dios, ya que los hombres de esa época solo tenían sabiduría humana. Por lo tanto, este ser tenía el conocimiento de lo bueno, traído de los lugares celestiales, y lo malo, obtenido en la tierra.

Continuemos con el relato revisado de los acontecimientos ocurridos en el Huerto de Edén. Estábamos hablando del árbol de la ciencia del bien y el mal, consultemos el diccionario bíblico: árbol equivale a hombre, comer a creer y ciencia a conocimiento.

Para árbol: *Él, mirando, dijo: Veo los hombres como árboles, pero los veo que andan.* (Marcos 8: 24). *Y ya también el hacha está puesta a la raíz de los árboles, por tanto, todo árbol que no dé buen fruto será cortado y techado al fuego* (Mateo 3: 10-12).

Bienaventurado el varón que no anduvo en consejo de malos, será como árbol plantado junto a corrientes de aguas (Salmos 1: 1-3).

Bendito el varón que confía en Jehová, y cuya confianza es Jehová, porque será como el árbol plantado junto a las aguas (Jeremías 17: 7 y 8).

Para comer: *Este es el pan que descendió del cielo para que el que de él come no muera* (Juan 6:50).

De cierto, de cierto os digo: El que cree en mí, tiene vida eterna (Juan 6: 47).

Para ciencia: Números 24: 16; Eclesiastés 1: 18; 1 Corintios 1: Dijo Dios a Adán: «de todo árbol podrás comer, mas del árbol de la ciencia del bien y el mal, no comerás», o, lo que es igual, Dios le dijo a Adán: «al hombre con el conocimiento del bien y el mal, no le creerás. Porque el día que le creas, ciertamente morirás». Aquí, Dios está hablando con un hombre espiritual, inmortal, ensamblado en un cuerpo material, quien, si cumple con los mandamientos de Dios, continuará viviendo, aunque como humano vivirá eternamente. Pero la advertencia de Dios es porque, si desobedece, aunque sea por error, se convierte en lo mismo que son los hombres de la tierra, en solamente carne, naturales o materiales, en los seres vivientes que produjo la tierra en Génesis 1: 24. Son los que luego, en Génesis 1: 26-27, Dios hizo a su imagen y semejanza.

La misión de este ser que aparece por primera vez en la Biblia como la serpiente (Génesis 3: 1), quien al final, en Apocalipsis 20: 2, se nos presenta como la serpiente antigua, fue muy similar a la misión de Jesús. El propósito de su paso por la tierra fue el de evangelizar a los hombres de la tierra, concientizándolos de la existencia de Dios y del propósito que Dios tiene de que los hombres nos convirtamos en seres espirituales, para que vivamos eternamente con Dios como sus hijos.

El proceso que Dios hizo con este ser cuando lo trajo a la tierra fue idéntico a lo que Dios hizo con Adán y Eva. Por ser una criatura celestial, era necesario crearle un cuerpo terrenal, para que pudiera hacerse visible a los seres vivientes, los hombres de la tierra creados a imagen y semejanza de Dios. Recordemos que estos hombres fueron escogidos dentro de los seres vivientes creados el sexto día de la creación, cuando, entre las bestias, las serpientes y todos los animales de la tierra, Dios escogió a la serpiente, la cual, en esa época, no era como hoy la conocemos. Por lo tanto, cuando Dios estaba formando un ser celestial para convertirlo en un ser terrenal, Dios tenía que hacerlo idéntico al hombre que ya estaba creado, es decir, lo convirtió en una serpiente, la misma criatura que habló con Eva en el Paraíso, la serpiente antigua de Apocalipsis 12: 9. En el idioma bíblico, la palabra «hombre» es sinónimo de árbol. La palabra «árbol» es igual a la palabra «hombre».

La palabra «creer» equivale a «comer»

La palabra «ciencia» significa conocimiento.

Por lo tanto, en el Jardín del Edén, Dios le dijo a Adán: «De todo árbol puedes comer, pero al hombre con el conocimiento de lo bueno y lo malo, no le creas, porque el día que lo hagas, ciertamente morirás». En ese momento, Adán y Eva eran eternos, pero materializados. Ellos se alimentarían del árbol de vida que había en medio del huerto de Edén, como seres celestiales inmortales que eran, pero también podían comer del fruto de todos los árboles que había producido la tierra cuando fue creada y ordenada por Dios (doble naturaleza), los mismos árboles que Dios había hecho crecer en el Jardín de Edén.

La Biblia dice que quien coma del árbol de vida vivirá para siempre. *Y dijo Jehová Dios: He aquí el hombre es como uno de nosotros, sabiendo el bien y el mal; ahora, pues, que no alargue su mano, y tome también del árbol de la vida, y coma, y viva para siempre* (Génesis 3: 22).

El propósito de Dios fue que los hijos de Adán y Eva tuvieran la doble naturaleza en su organismo para que, cuando se unieran con los hijos de los hombres, los hijos de estos fueran eternos, iniciando con la espiritualidad. Pero en el momento en que Adán y Eva creyeron a la serpiente, la criatura con el conocimiento de lo bueno y lo malo que Dios puso en Edén, Dios abortó el plan de espiritualizar a la humanidad por medio de Adán y Eva, sacándolos del Jardín de Edén y poniéndolos en la tierra con todos los mortales. *Y lo sacó Jehová del huerto del Edén, para que labrase la tierra de que fue tomado* (Génesis 3: 23).

Y el árbol de vida quedó bien custodiado en el Huerto. *Echó, pues, fuera al hombre, y puso al oriente del huerto de Edén querubines, y una espada encendida que se revolvía por todos lados, para guardar el camino del árbol de la vida* (Génesis: 3: 24).

Dios, en su omnisciencia, sabía que tanto Adán y Eva como el ser que Dios había formado a imagen y semejanza de los seres vivientes que produjo la tierra, a los que, de igual manera, Dios formó a imagen y semejanza de Dios, a quienes dotó con un cuerpo con pies y mente, como lo es el ser viviente de la tierra, serpiente a la que Dios llamó hombre, Dios sabía que los tres fallarían con sus respectivas misiones, pero era necesario que así fuera, por razones que en otro tema estudiaremos.

Aquí es necesario volver a Génesis 1: 24, cuando la tierra produjo todos los seres vivientes según su género. En este relato, encontramos un secreto algo que ha permanecido oculto desde el principio. *Si analizamos con detenimiento este versículo conoceremos que el hombre no es un animal como se cree. Genesis 1: 24. Luego dijo Dios: Produzca la tierra seres vivientes según su género, bestias y serpientes y animales de la tierra según su especie. Y fue así.*

Es fácil determinar que Dios quiere que veamos una diferencia entre los animales de la tierra, las bestias y las serpientes. Escrito de esta manera, podemos discernir que en la creación fueron producidos por separado.

En el versículo 1: 25, entendemos que entre los seres vivientes están los animales de la tierra por género, el ganado, que corresponde a las bestias por especie y, la serpiente antigua que después de la transgresión paso a ser parte de los que se arrastran.

Génesis 1:25: *E hizo Dios animales de la tierra según su género, y ganado según su género, y todo animal que se arrastra sobre la tierra según su especie. Y vio Dios que era bueno.*

En el versículo 26, Dios decide hacer al hombre a su imagen y conforme a su semejanza; es decir, Dios escogió a la serpiente, de entre todos los seres vivientes que la tierra había producido, y de ella formó al hombre, un ser con pies y mente, y luego, cuando trajo al ser celestial, lo puso en un cuerpo de esos, en una serpiente, entendiendo que antes la serpiente antigua, es decir, la primera, la que Dios convirtió en un hombre haciéndola a imagen y semejanza de Dios, no se arrastraba sobre su pecho, ni su alimento era el polvo de la tierra. En ese momento, la serpiente era como uno de nosotros, un hombre de la tierra.

Igual a esa serpiente fue que Dios formó a quien fue el árbol de la ciencia del bien y el mal, la misma que antes había escogido Dios para crear un hombre de la tierra que fuera a imagen y semejanza de Dios en Génesis 1: 26-27. Esta fue la serpiente que produjo la tierra en Génesis 1: 24.

Esa es la serpiente que aparece en el Huerto de Edén, un ser con pies y mente. Analizando estas tres silabas, veremos que de allí nace la palabra «serpiente» (ser-pie-ente), siendo la más astuta de todos los seres vivos que Dios había creado, y, además, hablando con Eva, razonando, dando explicaciones, engañando. Esto no lo puede hacer sino un ser con pies y mente. Recordemos que el castigo por parte de Dios para la serpiente fue que en adelante andaría sobre su pecho y su alimento sería el polvo de la tierra. *Y Jehová Dios dijo a la serpiente: Por cuanto esto hiciste, maldita serás entre todas las bestias y entre todos los animales del campo; sobre tu pecho andarás, y polvo comerás todos los días de tu vida* (Génesis 3: 14).

Lo que nos indica que, antes del engaño, la serpiente era un ser que andaba erguido. Además, era agradable a la vista, con buen físico, agradable para creerle, con buenos argumentos, codiciable para alcanzar la sabiduría.

De este ser la Biblia habla maravillas en Ezequiel 28: 13-19. *13 En Edén, en el huerto de Dios estuviste; de toda piedra preciosa era tu vestidura; de cornerina, topacio, jaspe, crisólito, berilo y ónice; de zafiro, carbunclo, esmeralda y oro; los primores de tus tamboriles y flautas estuvieron preparados para ti en el día de tu creación. 14 Tú, querubín grande, protector, yo te puse en el santo monte de Dios, allí estuviste; en medio de las piedras de fuego te paseabas. 15 Perfecto eras en todos tus caminos desde el día que fuiste creado, hasta que se halló en ti maldad. 16 A causa de la multitud de tus contrataciones fuiste lleno de iniquidad, y pecaste; por lo que yo te eché del monte de Dios, y te arrojé de entre las piedras del fuego, oh querubín protector. 17 Se enalteció tu corazón a causa de tu hermosura, corrompiste tu sabiduría a causa de tu esplendor; yo te arrojaré por tierra; delante de los reyes te pondré para que miren en ti. 18 Con la multitud de tus maldades y con la iniquidad de tus contrataciones profanaste tu santuario; yo, pues, saqué fuego de en medio de ti, el cual te consumió, y te puse en ceniza sobre la tierra a los ojos de todos los que te miran. 19 Todos los que te conocieron de entre los pueblos se maravillarán sobre ti; espanto serás, y para siempre dejarás de ser.*

Entonces ya tenemos claro que la serpiente no es otra sino el ser traído por Dios desde los lugares celestiales para ayudar al hombre en la espiritualización de su ser, mision que no cumplió, a quien Dios dio un cuerpo idéntico al de los hombres de la tierra. Ahora, siendo este ser de origen espiritual, materializado en la tierra, y una vez materializados Adán y Eva, estando los tres habitando en cuerpos terrestres, Dios los puso en el Huerto, con el fin de que Adán y Eva, como pareja, marido y mujer, procrearan a través de la unión y relación sexual, y el fruto de esa relación, que vienen a ser los hijos o simiente, siendo espirituales por ser de padres espirituales, pasarían a ser hijos directos de Dios. Estos hijos de Dios, con el tiempo, debían unirse en matrimonio con el fruto, los hijos o simiente de los hombres de la tierra creados en Génesis 1:26-27. *Entonces dijo Dios: Hagamos al hombre a nuestra imagen, conforme a nuestra semejanza.*

Lo que se cumplió en Génesis 6:1-2: *Aconteció que cuando comenzaron los hombres a multiplicarse sobre la faz de la tierra, y les nacieron hijas, 2 que viendo los hijos de Dios que las hijas de los hombres eran hermosas, tomaron para sí mujeres, escogiendo entre todas.*

Pero esta unión, aunque era parte del divino propósito de Dios, ya no fue como Dios la había designado. Estas uniones se realizaron después de la desobediencia de Adán y Eva en Edén, por lo que Dios no las aprobó, pues esta acción, en ese momento, se convirtió en perversidad. Si no hubiera habido transgresión en el jardín con la desobediencia de Adan y Eva con lo de la serpiente, estas uniones habrían sido bien vistas por Dios, pues ese fue su propósito. Pero con estas uniones ocurrió lo contrario a lo que fue el plan divino que Dios había programado para que lo desarrollaran sus hijos en Edén, con el fin de espiritualizar a los hombres de la tierra.

El resultado de esta mezcla de lo celestial con lo terrenal debería haber sido que lo terrenal fuera convertido por lo celestial, de hombre ser viviente materializado a hombre espiritual hijo de Dios.

Pero por Eva haber creído a la serpiente, haciendo lo que Dios les dijo que no hicieran, por esta acción de haber creído y ejecutado el plan de la serpiente, lo terrenal terminó convirtiendo a lo celestial. Si esta unión se hubiera realizado tal como Dios la programó, los hombres de la tierra habríamos terminado siendo todos espirituales, hijos de Dios, puesto que el fruto, hijos o simiente resultado de esa unión, nacería espiritual, hijos directos de Dios, y habríamos sido eternos, tal como eran Adán y Eva.

Pero debido a la desobediencia, tanto los unos como los otros, todos quedamos expuestos a la muerte, viviendo como máximo ciento veinte años. Génesis 6:3: *Y dijo Jehová: No contenderá mi espíritu con el hombre para siempre, porque ciertamente él es carne; mas serán sus días ciento veinte años.*

Ahora, ¿cuál era ese plan y qué fue lo que la serpiente le dijo a Eva que hiciera? Si usted, mi querido lector, está siguiendo la secuencia del tema, ya debe saber cuál fue la falta de Eva y qué fue lo que realmente ocurrió para que hoy toda la humanidad esté en la condición de desaprobación por parte de Dios.

Esta es la verdadera historia de lo que pasó en el Edén entre la serpiente y la mujer, y por supuesto que con toda razón es correcta la determinación de Dios de sacarlos de Jardín del Edén.

La falta fue un acto de seducción por parte de la serpiente a Eva, lo que se convirtió en un acto de adulterio por parte de Eva ante su marido, Adán; en vista de que Eva tuvo una relación sexual con la serpiente. (El ser con pies y mente).

Eva estaba convencida de que el fruto de esa unión, es decir, la simiente, o, mejor dicho, el hijo que nacería como fruto de esa unión, o sea, Caín, quien fue el primer hijo de Eva, sería espiritual, y de esa manera comenzarían los hijos de Dios a unirse con los hijos de los hombres de la tierra. Pero no fue así, no podía serlo, pues ese no era el plan divino. Por eso fue que Eva dijo que la serpiente la engañó. Génesis 3: 13: *Entonces Jehová Dios dijo a la mujer: ¿Qué es lo que has hecho? Y dijo la mujer: La serpiente me engañó, y comí.* (Crei).

Esta relación se efectuó sin el conocimiento de Adán, pero luego Eva puso a Adán al tanto de lo que había hecho según lo escrito en Génesis 3: 6, *Y vio la mujer que el árbol era bueno para comer, y que era agradable a los ojos, y árbol codiciable para alcanzar la sabiduría; y tomó de su fruto, y comió; y dio también a su marido, el cual comió, así como ella.* Es decir, después de la relación, cuando Eva aún no sabía que había sido engañada, y creyendo que había hecho lo correcto, habló con su marido, Adán, y lo hizo partícipe del plan ideado por la serpiente, haciéndoles creer que era lo correcto para lograr que los seres vivientes alcanzaran la sabiduría, espiritualizándose a través del fruto de esa unión, lo cual Adan también, al igual que Eva, creyó y aceptó.

Después nació Caín, el hijo de la serpiente. 1 Juan 3: 12: *No como Caín, que era del maligno y mató a su hermano. ¿Y por qué causa le mató? Porque sus obras eran malas, y las de su hermano justas.*

La prueba contundente de que Caín era hijo de la serpiente y de que todos sus descendientes bíblicamente son conocidos como hijos del diablo, la encontramos en lo dicho por Jesús cuando lo expresó y quedó escrito en el evangelio de Juan 8: 41-44: *41 Vosotros hacéis las obras de vuestro padre. Entonces le dijeron: Nosotros no somos nacidos de fornicación; un padre tenemos, que es Dios. 42 Jesús entonces les dijo: Si vuestro padre fuese Dios, ciertamente me amaríais; porque yo de Dios he salido, y he venido; pues no he venido de mí mismo, sino que él me envió. 43 ¿Por qué no entendéis mi lenguaje? Porque no podéis escuchar mi palabra. 44 Vosotros sois de vuestro padre el diablo, y los deseos de vuestro padre queréis hacer. Él ha sido homicida desde el principio, y no ha permanecido en la verdad, porque no hay verdad en él. Cuando habla mentira, de suyo habla; porque es mentiroso, y padre de mentira.* A cerca de esto hay mucho de que hablar y fácil de explicar, pero lo haré en el Volumen 2 de Los secretos revelados de la Biblia.

Después del nacimiento de Caín, Adán también conoció, o tuvo una relación, con su mujer, Eva, lo cual era correcto. Y de esa relación nació el segundo hijo de Eva, Abel, el primer hijo de Adán y el primer hijo de Dios, como debería haber sido antes de Eva caer, según era el plan perfecto de Dios.

Génesis 4: 1-2: *1 Conoció Adán a su mujer Eva, la cual concibió y dio a luz a Caín, y dijo: Por voluntad de Jehová he adquirido varón. 2 Después dio a luz a su hermano Abel. Y Abel fue pastor de ovejas, y Caín fue labrador de la tierra.*

Con estos dos versículos siempre ha existido una enorme confusión, y es debido a lo que ya hemos visto, lo que a Dios le plació esconder de los sabios y entendidos. Contrario a todo lo que los estudiosos han interpretado, aquí Dios está informándonos, revelando que Adán tuvo sexo con su mujer, Eva, y nos dice quién es Eva, recordándonos o dejándonos saber que Eva fue quien concibió, o, mejor dicho, quien aceptó tener la relación con la serpiente, relación con la que nació Caín, y nos informa que de la relación que tuvo Adán con su mujer, Eva, después nació Abel.

Aunque Abel, por ser hijo de Adán y Eva, era espiritual, nació con la doble naturaleza, puesto que fue concebido después de la falta y bajo la pena o castigo que Dios determinó para la pareja, la serpiente y sus respectivas simientes o generaciones. Son consecuencias con las que estamos viviendo hoy, según la ascendencia de cada uno de nosotros.

Existen muchos otros versículos en la Biblia que evidencian que Caín no era hijo de Adán. Por ejemplo, en las cuatro generaciones que aparecen de los descendentes de Adán, en ninguna aparece Caín como hijo suyo.

Por otro lado, la prueba de que existía una gran cantidad de seres vivientes u hombres de la tierra en el mundo cuando Dios trajo a Adán y Eva a este, poniéndolos en el Edén, está en que cuando Dios los sacó del Jardín de Edén y los puso en la tierra, después del nacimiento de Abel y cuando ya Caín y Abel estaban grandes, Caín mató a su hermano Abel y como castigo Dios lo maldijo. Génesis 4: 12-17: *12 Cuando labres la tierra, no te volverá a dar su fuerza; errante y extranjero serás en la tierra. 13 Y dijo Caín a Jehová: Grande es mi castigo para ser soportado. 14 He aquí me echas hoy de la tierra, y de tu presencia me esconderé, y seré errante y extranjero en la tierra; y sucederá que cualquiera que me hallare, me matará. 15 Y le respondió Jehová: Ciertamente cualquiera que matare a Caín, siete veces será castigado. Entonces Jehová puso señal en Caín, para que no lo matase cualquiera que le hallara. 16 Salió, pues, Caín de delante de Jehová, y habitó en tierra de Nod, al oriente de Edén. 17 Y conoció Caín a su mujer, la cual concibió y dio a luz a Enoc; y edificó una ciudad, y llamó el nombre de la ciudad del nombre de su hijo, Enoc.*

Como vemos, son varias y muy notorias las evidencias para reconocer y aceptar que no fue un árbol de fruto, ni fue una manzana, lo que ocasionó la desobediencia que produjo el popular acontecimiento conocido como «el pecado terrenal». Asimismo, existen muchas otras evidencias en el siguiente relato que nos entrega el libro del Génesis, con lo que cualquier ser humano hecho a imagen y semejanza de Dios, que normalmente goce de un excelente bienestar mental, tendrá que reconocer que hasta ahora lo presentado es únicamente la verdad, según lo escrito, de lo que en realidad pasó en el huerto de Edén con Adán, Eva y la serpiente.

Es un hecho que Dios puso enemistad entre la simiente de la serpiente y la simiente de la mujer, Caín y Abel. Se debe tener en cuenta que el fruto de comer manzana no es una simiente, y entender que cuando se habla de simiente se refiere a un hijo, por lo que la lógica nos dice que Dios está hablando del hijo, la simiente de la serpiente; es decir, se está refiriendo a Caín. Y por supuesto que, a la simiente de Eva, la que igualmente es un hijo, es Abel, el hijo de Adán y Eva.

Nótese que primero Dios puso enemistad entre la serpiente y la mujer, lo que indica que antes había una amistad entre ellos dos, por lo que Dios determinó que, por haber hecho lo que les dijo que no hicieran, ya no serían más amigos. Pero también debería haber enemistad entre sus hijos, por un lado, el hijo de la serpiente y por otro lado el hijo de Eva.

Lo demuestra el hecho de que Caín matara a su medio hermano, Abel, tal cual dijo Dios que debería suceder, después de la falta en el Jardín de Edén, cuando maldijo a la serpiente.

El mito de la manzana viene desde el principio, cuando Caín, quien era mentiroso como su padre, enseñaba a los hombres de la tierra lo ocurrido en el Paraíso, el Jardín del Edén. Su argumento era que Dios se había enojado porque Eva, su madre, se había comido una manzana del árbol que Dios le había dicho que no comiera. Y le pareció fácil enseñar que lo que se debería hacer era conciliar con Dios, indemnizándolo, regresándole varias manzanas, que fue lo que hizo Caín cuando, haciendo un altar, ofreció a Dios los frutos de su trabajo, pues Caín era agricultor, o, mejor dicho, cultivaba manzanas.

El hecho es que Dios rechazó la ofrenda que presentó Caín, aceptando y viendo con buenos ojos la ofrenda de Abel. Caín era agricultor, Abel era pastor de ovejas. Veamos que Caín, siendo hijo de la serpiente, no era maligno del todo. Caín tenía la naturaleza de su padre y la espiritualidad de su madre, Caín conocía lo bueno y lo malo, Caín fue un arbolito de la ciencia del bien y del mal, fruto del árbol que Dios puso en medio del huerto. Caín, con la parte noble, siendo bueno, adoraba a Dios.

Además, Caín, con la naturaleza humana, tenía conocimiento de que sus padres, la serpiente y Eva, habían realizado un acto impropio, ocasionando la muerte en todos los seres vivientes, y creyendo lo que, muy seguramente, inventó cuando Dios los expulsó del Edén, haciendo creer a los hombres que en ese entonces habitaban en la tierra, los mismos que Dios hizo a su imagen y semejanza, que Dios se había enojado porque Eva se comió una manzana. Ese fue el cuento con el que se crio Caín, razón por lo cual, queriendo pagar a Dios con lo mismo, dice la Biblia que Caín presentó del fruto de la tierra una ofrenda. *Y aconteció andando el tiempo, que Caín trajo del fruto de la tierra una ofrenda a Jehová* (Génesis 4: 3).

Es decir, Caín le trajo a Dios algunas manzanas. Supongo que le diría algo así como «Dios, si mis padres te desobedecieron y se comieron las manzanas en el Huerto, yo te las repongo y asunto arreglado», pero la Biblia dice que Dios no vio con buenos ojos la ofrenda de Caín, y no tenía por qué aceptarla, puesto que, en realidad, eso no fue lo ocurrido en el Paraíso.

Más adelante, vemos en Caín la naturaleza maligna transmitida por su padre, la serpiente, a través de los genes, que son los que forman las generaciones. *Al ver él que muchos de los fariseos y de los saduceos venían a su bautismo, les decía: ¡Generación de víboras! ¿Quién os enseñó a huir de la ira venidera?* (Mateo 3: 7). O, lo que es igual, la naturaleza transmitida por medio de padres a hijos y sus descendencias.

Este Caín, que contaba con las dos naturalezas, la correcta, heredada por su madre, Eva, y la errónea, heredada por su padre, la serpiente, ahora haciendo uso de la naturaleza errada, invitó a su hermano Abel a dar un paseo y lo mató.

También nos dice la Biblia que Abel y Caín contaban con las mismas dos naturalezas. Pero, a diferencia de las naturalezas de Caín, ambas naturalezas de Abel eran correctas, pues Abel fue engendrado correctamente, como lo dispuso Dios, con la naturaleza espiritual transmitida por sus padres, Adán y Eva, quienes eran espirituales traídos de los lugares celestiales, y con la naturaleza material, heredada por Dios cuando transformó a Adán y a Eva, poniéndolos dentro de un cuerpo de la tierra. La Biblia dice que Abel también hizo una ofrenda a Dios, con la diferencia de que Dios vio con buenos ojos la ofrenda de Abel, aceptándola, lo cual es correcto. Abel, siendo simiente directa de Adán y Eva, aunque fue criado con el mismo cuento de las manzanas, su naturaleza espiritual le decía la verdad del suceso ocurrido en Edén entre su madre, Eva, y la serpiente. Entonces sabía que la desobediencia fue que su madre, Eva, al creer a la serpiente, concibió tener una relación sexual, con lo que, lo primero que ocurrió, por ser Eva virgen, fue que, al romperse el himen que terminó con la virginidad de Eva, se produjo un derramamiento de sangre, que fue lo que en verdad molestó a Dios, puesto que el propósito de Dios era que esto aconteciera, pero en la unión correcta de Adán con su mujer, Eva.

Dice la Biblia que, andando el tiempo, Abel, siendo pastor de ovejas, trajo también de los primogénitos de sus ovejas. *Y Abel trajo también de los primogénitos de sus ovejas, de lo más gordo de ellas. Y miró Jehová con agrado a Abel y a su ofrenda* (Génesis 4: 4).

Téngase en cuenta que Abel ofreció de lo primogénito, es decir, Abel escogió la primera cría de una oveja para enmendar el mal que produjo la primera cría de una mujer. Y como ya vimos, fue por un derramamiento de sangre que todos los hombres morimos, por lo que Abel, teniendo conocimiento de que eso fue lo que desagradó a Dios, trajo un corderito. Degollándolo, hizo un derramamiento de sangre, en afrenta por la falta cometida por sus padres, queriendo buscar el perdón de Dios, para que todos los hombres pudiéramos ser eternos, regresando al Paraíso.

Aunque Dios aceptó la ofrenda que presentó Abel, la misma solo sirvió para determinar que Abel era un verdadero hijo de Dios, nacido dentro del plan correcto de Dios, es decir, siendo hijo espiritual de una pareja original, de Adán y su mujer, Eva. Pero el resto de la humanidad, para lograr recibir la espiritualidad, debe pasar por un proceso ideado por Dios, del cual nos habla la Biblia. Juan 3: 6: «La verdad es que el que no vuelve a nacer, no verá el reino de Dios. En el principio hubo un nacimiento, en la creación del mundo, eso fue en la carne. Ahora es necesario nacer del agua y del espíritu, para poder ser hijos de Dios y vivir eternamente en el reino de Dios». Esto lo he escrito en terminología moderna, para tener mejor comprensión. Pero tal como se escribió en ese tiempo, según lo que dice en la Biblia Reina Valera 1960, dice así: *Lo que es nacido de la carne, carne es; y lo que es nacido del Espíritu, espíritu es.* (Juan 3: 8).

Sabemos que desde el principio Dios ha tratado de muchas maneras con el hombre, y ahora está haciéndolo a través de Jesús, que es un tipo del cordero que en el principio sacrificó Abel, ofreciendo a Dios la sangre, buscando perdón para la humanidad.

Es a este Jesús al que hoy debemos creer, bautizándonos en agua para recibir el Espíritu santo. *Pedro les dijo: Arrepentíos, y bautícese cada uno de vosotros en el nombre de Jesucristo para perdón de los pecados; y recibiréis el don del Espíritu Santo* (Hechos 2: 38).

En el principio, Dios ordenó a la tierra que produjera seres vivientes según su género, dando origen a los animales de la tierra, a las bestias y serpientes, de los cuales Dios escogió a la serpiente para formar un hombre a su imagen y semejanza.

El primer hombre hecho en la tierra, el que produjo la tierra, era solamente material hecho por naturaleza, nacido de la tierra, es decir, un hombre carnal. (Génesis 1: 27). El segundo hombre, formado con la pareja celestial y el cuerpo terrenal para vivir en el Huerto del Edén, este era espiritual. (Génesis 2: 7).

Por eso es que el problema que ocasionó la desobediencia de Adán y su mujer, Eva, no permitió la espiritualización de todos los seres humanos del planeta. De hecho, los únicos seres espirituales de esa época fueron los hijos e hijas de Adán y su mujer, Eva; y todos los descendientes de ellos. Todos estos serán los hijos de Dios. Claro está que por haber sido engendrados después de la caída con la desobediencia, todos debemos pasar por un proceso a través de Jesús, naciendo de nuevo, con el cual, finalmente, terminaremos viviendo eternamente al lado de Dios, en el paraíso celestial.

Pero también hubo otra descendencia en la tierra con los hijos de Caín, quien era la simiente de la serpiente. Estos no lograron la espiritualización, ellos perdieron la espiritualidad heredada por sus padres, la serpiente y Eva, teniendo en cuenta que ambos eran espirituales, transformados a seres vivientes de la tierra. Sin embargo, con la unión en la carne entre la serpiente y Eva, la cual se produjo en desobediencia ante Dios, el fruto de esa unión, que fue su hijo Caín y toda su descendencia, fue solamente carne delante de Dios.

Génesis 6:3: *Y dijo Jehová: No contenderá mi espíritu con el hombre para siempre, porque ciertamente él es carne; mas serán sus días ciento veinte años.*

Aunque Caín fue engendrado en Edén, toda su descendencia se concibió fuera de Edén, cuando Dios puso a Adán y Eva en la tierra. Estos fueron los hijos de los hombres de quienes habla la Biblia, los mismos que se unieron a los hijos de Dios, unión que, por ser en desacuerdo de Dios, ya que fue fruto de la desobediencia, produjo un fruto contrario.

El propósito de Dios era que de la unión entre Adán y Eva nacieran hijos, como en realidad ocurrió cuando Adán tuvo la primera relación con su mujer, Eva, y de esa unión nació Abel, a quien mató su hermano, Caín.

Luego, Adán conoció nuevamente a Eva, y nació su segundo hijo, Set. Y dice la Biblia que desde entonces los hombres comenzaron a adorar a Dios.

Después, Adán y su mujer, Eva, tuvieron muchos hijos e hijas, quienes deberían unirse con los hijos de los hombres que habitaban la tierra antes de la venida de Adán y Eva, con el fin de que los hijos de Dios descendencia de Adán y Eva convirtieran en espirituales a los hijos de los hombres, y de esa forma todos seríamos espirituales, es decir, a imagen y semejanza de Dios.

Pero por la desobediencia se produjo lo contrario: los hijos de los hombres terminaron convirtiendo a los hijos de Dios en hijos de los hombres, es decir, los materializaron o naturalizaron, y todos terminaron siendo solo carne, por lo que Dios decidió raerlos de la faz de la tierra, excepto a Noé.

Él fue encontrado perfecto delante de Dios. Con Noé se conservó la descendencia de Adán y Eva. Pero la Biblia nos dice que Dios permitió a Noé conservar a sus hijos, su esposa y las mujeres de sus hijos.

Con Noé y su descendencia se volvió a poblar la tierra después del diluvio, pero se repitió exactamente lo mismo que al principio.

La historia bíblica de Noé y sus descendientes, y lo ocurrido según el relato bíblico, es más confuso. Y supremamente mal interpretado, pero ya revelado.

Es el tema que estudiaremos en el volumen 2 de *Los secretos revelados de la Biblia*.

Fin